学校心理学
ケースレポートハンドブック

子どもの援助に関わる教師・スクールカウンセラーのために

学校心理士認定運営機構 編

風間書房

はじめに

　「学校心理士」の資格認定が始まって四半世紀が経とうとしている。この間、ケースレポート審査は筆記試験とならび、資格認定の根幹となってきた。ケースレポートは、一人ひとりの子どもの様々な問題状況の解決を援助する心理教育的援助サービスの実践において、その問題解決の過程を報告し、そして、心理教育的援助サービスについて示唆を得ようとするものである。実践したケースをケースレポートとしてまとめることは、自身の心理教育的援助サービスの力量を高めるために効果的である。また、ケースレポートにまとめることにより、心理教育的援助サービスの実践から得られた知見を共有することができる。

　「学校心理士」の資格認定におけるケースレポート審査は、心理教育的援助サービスの力量を評価するためのものである。しかしながら、学校心理士をめざす人に限らず、ケースレポートの書き方を学ぶ機会は乏しいのが現状である。そのため、ケースレポートの審査時には、もてる力量をケースレポートにうまく表すことができていないものが散見される。そこで、学校心理士スーパーバイザー資格認定委員会、学校心理士資格認定委員会、准学校心理士認定委員会を中心として本書を企画することとなった。

　本書は、学校心理士として、また公認心理師、臨床心理士、ガイダンスカウンセラーとして、心理教育的援助サービスに関わるケースレポートを、どのような情報について、どのように書けばよいか、それを分かりやすくということに重点をおいて制作した。そのため本書では、まず第1章、第2章、第3章でケースレポートの意義や構成等、基礎的な事項をふまえた上で、第4章でケースレポートの例を掲載することにした。第4章で取り上げたものは、「学校心理士申請の手引き」に示されているケースレポートのテーマの領域に概ね対応しており、その領域別にケースレポートを紹介した。次に第

5章では、学習支援に関するケースレポートにコメントを付しながら、ケースレポート執筆における留意点を解説した。

　本書が、これから学校心理士資格の取得を目指す人にとって、学校心理士の第一歩を踏み出すための道標となることを執筆者一同願っている。そして、学校心理士資格を有する人にとっても、本書が心理教育的援助サービスの知識、技能をさらなる高みへと導くための一助となることを念じている。

　2020年11月吉日

学校心理士認定運営機構

岡　直樹　大野精一　山谷敬三郎　瀧野揚三

橋本創一　山口豊一　石隈利紀

目　　次

第1章　学校心理学にもとづくケースレポートの書き方

1．ケースレポートの定義と意義

⑴　ケースレポートの定義と意義

　ケースレポートは何らかの問題をもつ特定の個人や事柄について、その問題解決の過程を具体的に報告し、そこから何らかの示唆を得ようとする研究方法をいい、事例研究法の一つである。同時にケースレポートは、チーム援助におけるコミュニケーションの方法である。コミュニケーションの方法としてのケースレポートについては、石隈（2004）を参照されたい。ここでは事例研究法としてのケースレポートに焦点をあてる。

　量的な研究が多くのデータを集め、平均化することによって多様な行動を支配している法則を明らかにしようとするのとは異なり、事例研究は一つあるいは少数の事例との密接なかかわり合いの中から行動の法則を見いだそうとする、質的な研究法でそれだけに難しい研究方法といえる。しかし、量的方法がともすれば、現実生活の一部を切り取った統制された条件の下でのデータ収集、大量データの収集による個々人との関わりの薄さ、また個々の人々の違いを誤差として扱うといった側面をもつのに対し、事例研究による少数ではあるが密接な人との関わりやその中から得られる表情、言葉、息使いの報告は、日常の生活場面での人の姿をリアルに再現させるという大きな力がある。

　事例研究の中でも、臨床的・実践的な援助活動に関するケースレポートとは、自分の関わった援助事例をその問題の概要、問題点の明確化とアセスメント、それに基づく援助の目標や方法の決定、実際の援助の過程、その結果を報告すると同時に、その取り組みの意義や反省点の省察や、その事例や事例への援助の取り組みから得られる心理学的な意義を明らかにしようとする

試みである。理想を言えば、ケースレポートはそれを通して得られる一つの心理的な法則を明らかにするものでありたい。しかし、現実にはそのような事例研究を提示するには力量や経験が必要であり、容易なものではない。

(2) 学校心理士にとってのケースレポート

　それでは、学校心理学におけるケースレポートとはどのようなものなのだろう。学校心理士がケースレポートを書くには、まず自分の行った援助活動を相対的な視点でとらえることが必要となる。また援助活動を可能な限り客観的な視点で自己評価することが必要となる。これらの要素は、援助の実践家として、また援助の科学の担い手としての力量形成に不可欠であり、そこにケースレポートを書くことの意義があるといえる。同時にその問題の捉え方やアセスメントの手法、アセスメントを基にした援助の方針や計画の設定、援助の過程、その反省や考察といった全てにおいて、申請者の学校心理学の知識、技能が問われるものである。学校心理士は絶え間ない学習と実践の相互作用を通してさらによい援助の実践を産みだすことが期待される。ケースレポートはこの過程において自己の力量の確認となるものである。

　学校心理士の資格認定にあたっては、ケースレポートの審査を行う。これは、学校心理学に関する専門的実務経験の過程で用いられた専門的技能のレベルと、その実務経験についての学校心理学的考察の専門性をみるためである。

　申請者は、これまで担当してきたケースの中から「学校心理士」としての自分の力量や姿勢を評価してもらうのに適切と思われる1ケースを選び、それについてレポートを書いて欲しい。なお、ケースレポートとして提出するケースについてはスーパーバイザー（学校心理士であることが望ましい）のスーパービジョンを受けている必要がある。スーパーバイザーはそのケースについてのスーパービジョンについての報告の提出が求められる。つまり、スーパーバイザーはケースのプロセスに関わる者であり、レポート作成時にケースの振り返りを援助することはあるが、レポートの文章の添削をする者で

はない。

　なお、ケースレポート評価のポイントについては、第5章の最後にのせた表5-1を参照されたい。

（小泉令三・家近早苗）

2．様々な教育フィールドにおける支援とケースレポート

⑴　学校カウンセリング

　学校心理学にもとづくケースレポートには、11の領域が想定されている（表1-1）。このうち、小学校、中学校、高等学校等をフィールドとして指導・援助が行われるものとしては、主として①②③④⑤⑥⑦が該当する。また、学校以外の学習支援機関等をフィールドとして指導・援助が行われるものとしては、⑧⑨⑩が該当する。

　指導・援助の場面としては、授業や個別の学習場面、不登校などいわゆる教育相談、非行やいじめなど生徒指導、心の成長や荒れなどの道徳教育、障

表1-1　学校心理士認定のためのケースレポートの領域

①	個人やグループに対して、教師が行った継続的な指導・支援
②	個人やグループに対して、スクールカウンセラー等が行った継続的な指導・援助
③	通常学級等での学習や進路に関する指導・援助
④	障害のある子どもに関するアセスメントと「個別の指導計画」等の作成およびその実践
⑤	コンサルテーション（特定の子どもに対する指導・援助の体制づくりとその活動（教師や保護者への支援を含む））
⑥	学級づくりや保護者への援助
⑦	学年や学校全体のマネジメントと組織づくり
⑧	個人やグループに対する学校外での継続的な指導・援助
⑨	学校外での専門的なアセスメントと「個別の指導計画」等の作成およびその実践
⑩	学校外でのコンサルテーション
⑪	その他

害等のため援助ニーズが高い子どもへの特別支援教育、進路指導などキャリ
ア教育、保健や安全に関する教育などが挙げられる。

　こういった場面での子どもの問題の捉え方については、従来は、何らかの
問題が子どもの中にあると捉え、学力、知能、知覚・運動、性格、健康など
諸機能に分けて、そのいずれかの要因にアプローチしていくものと考えられ
てきた。しかし、学校心理学では、個人としての子どもに対して環境の中の
子どもという捉え方をする。つまり、子どもの問題は、子どもを取り巻く環
境としての社会、文化等との関係性の中で生じるものであり、家庭・学校・
地域社会という三角システムの中で捉える必要がある（塩見、2000）。

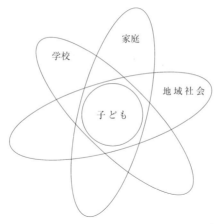

図 1-1　子どもを取り巻く家庭、学校、地域社会の輪（塩見、2000）

　これらを整理すると、家庭・学校・地域社会等との関係性という奥行きの
中で子どもの問題を理解し、すべての子どもを対象に行う一次的教育援助サ
ービス、一部の子どもを対象に行う二次的教育援助サービス、特定の子ども
を対象に行う三次的教育援助サービスといった援助ニーズの度合いや対象・
時期を縦軸、学習場面での援助、心理・社会面での援助、進路面での援助、
健康面での援助といった援助領域を横軸として、立体的にイメージするとよ

い。

　指導・援助のための方法については、学校心理学では多様な心理教育的援助の技法が用いられている。「学校カウンセリング」ということばについても、スクールカウンセラーや教師カウンセラーによる個人面接に限定することなく、さまざまな教育的営みにおける指導・援助の場面に広げて捉えることができる。これは、学校心理学が、学校教育における心理学的援助に関する学問体系であり、学校心理学に基づく心理教育的援助サービスは学校教育の一環として行われるものという考え方が背景にあるからである。よって、ケースレポートについても、学校教育の多様な営みがテーマとなると考えられる。

　このように、ケースレポートの対象は多様ではあるが、制約がないわけではない。それは、ケースレポートとは研究法の一つであるということに関係している。『学校心理学ガイドブック　第4版』では「ケースレポートは何らかの問題をもつ特定の個人や事柄について、その問題解決の過程を具体的に報告し、そこから何らかの示唆を得ようとする研究方法をいい、事例研究法の一つである。同時にケースレポートは、チーム援助におけるコミュニケーションの方法である。」（p. 225）と述べられている。つまり、ケースレポートは、苦戦する子どもの状況を関係者が共通理解しながら、効果的な指導・援助を見出す事例研究の過程そのものであり、対象となる子どものためになるだけでなく、その事例の経験が次の事例への対応に生きるものとしていくことが大切である。

　さらに、事例研究法においては、エビデンスベイスドアプローチの考え方が重要である。事例研究において、なぜ、その心理教育的援助の技法を適用するのかということがアセスメントの結果との関係において論理的に説明されることが重要である。また、その技法による指導・援助の過程で、対象となる子どもにどのような反応や変化が見られた（あるいは見られない）のか、子どもの問題が生じているメカニズムに対してどのような働きかけとなって

いるのか、などについて時間を追って検討・考察し、指導・援助の見直しやアレンジが論理的に説明される必要がある。また、その過程の中で、適切な専門家にスーパービジョンを受ける必要が出てくる。

　ケースレポート作成者の立場としては、その事例の全体に実際的に関わる関係者であることが望ましいとされている。例えば、学級づくりや学級の中での特定の子どもの指導・援助の場合は学級担任や特定の子どもを担当する指導員、不登校や学校不適応の子どもの場合は、学級担任でなくとも、その子どもとの面談を継続的に行う教育相談担当やスクールカウンセラー等、非行などの問題行動の事例では生徒指導担当、進路に関する問題であれば進路担当、健康に関わる問題であれば養護教諭や保健主事などが考えられる。

　なお、ケースレポートを作成するにあたっては、所属長の了解のもと、指導・援助の対象となる子どもと保護者にケースレポート作成の目的と提出先を説明し了解を得ておく必要がある。また、関係する同僚や援助チームのメンバー、他の専門機関との連携を図っている場合は連携先の責任者等にも了解を得ておくことが求められる。

（川島範章・塩見邦雄）

(2)　特別支援教育（特別支援教育と学校心理士ケースレポートの関係）

　「特別支援教育」とは、「特別支援教育の推進について（通知）」（文部科学省、2007）では、「障害のある幼児児童生徒の自立や社会参加に向けた主体的な取組を支援するという視点に立ち、幼児児童生徒一人一人の教育的ニーズを把握し、その持てる力を高め、生活や学習上の困難を改善又は克服するため、適切な指導及び必要な支援を行うもの」とされ、これまでの特殊教育の対象だけでなく、知的な遅れのない発達障害も含めて、特別な支援を必要とする幼児児童生徒が在籍する全ての学校において実施されるものである。

　したがって、通常の学級、通級による指導、特別支援学級、特別支援学校のいずれにおいても、①特別支援対象児の特性や教育的ニーズを把握し、②

一定期間における達成目標（長期目標・短期目標）と、③それに向かう具体的な指導の手立てを決め、④その結果どれほど達成できたかの振り返りを行い、場合により、⑤指導目標や手立てを修正する、というように、個々の子どもの「個別の指導計画」が策定されるべきである。

　「個別の指導計画」は、「個別指導」の計画ではなく、授業形態が個別か・集団かによらず、その「個人」に焦点を当てながらも周囲との関係性の中で育って欲しい姿、そしてもちろん本人や保護者の願いの達成を考えていく。従来、特別支援学校や特別支援学級では、個々の子どもの特性や発達状況が明確に違うにも関わらず集団授業を成立させるため、「個別の指導計画」のようなものを立てることは必要不可欠であった。また各教科以外の「自立活動」の枠組みでは特に個別の達成目標に向かう効果的な指導が目指されてきた。

　しかし近年、通常の学級においても「個別の指導計画」を書くようになった。さらに通級による指導を受ける場合は、通常の学級での指導計画と通級の指導での指導計画の併記がされ、双方の担当者の連携のツールとしても使われる。養護教諭やスクールカウンセラーなど校内の援助資源はもとより、他にも、対象児の関わっている外部の援助資源（近隣の特別支援学校や専門機関からの巡回相談、医療機関、放課後等デイサービスなど）との連携を視野に入れる場合もある。個別の指導計画に、これらの援助資源を活用し「誰が」「いつまで」「どのような支援をする」という分担を書く場合もある。その連携を司るのが、「特別支援教育コーディネーター」である。

　学校心理士のケースレポートで、たとえば特別支援対象児への「個人への支援」レポートの場合は、まさに、前述の①〜⑤を追っていくため、対象児の個別の指導計画を書いていく作業と同様のことを行うことになる。しかし、対象児自身への指導のみならず、対象児に関わる人や組織へのコンサルテーションがされる可能性も高いのがこの特別支援教育分野である。

　たとえば、通常学級で2・3年生の漢字の読み書きが全くできない小学4

年生がすぐに教室を抜け出してしまい、担任が困っている場合に、通級担当者が書くケースレポートを考える。当該児童の認知特性やつまずきを知能検査や行動観察等を通して把握するアセスメントを行い、効果的な指導法（たとえば、漢字を部首ごとに分けてパズル形式で学習するのか、部品を言語化して、「ハムを食べたよ公園で」のような語呂合わせ形式で学習するのか等）を確認し、本児が楽しめ漢字学習への意欲を高めることができ、短期間で多くの漢字が読み書きできるようになったとする。ここまでの一連の流れでも「個人への支援」のケースレポートにはなる。しかしながら、担任としては、現在とにかく教室を抜け出さないで欲しいという思いが強く、対象児が2〜3年生の漢字を読み書きできるようになるまで待つ余裕がない。そういった場合に、担任、本人や保護者と「合理的配慮」を確認し、「教室で一人で音読する場面では担任がそばで小さな声で一緒に読む、ルビ付きの教科書を渡す、朝15分時間を作り、通級で本児に有効だった方法で担任（周囲の子どもも含めてもよい）が漢字遊びをする」ように担任に提案したところ、本児と担任との信頼関係が深まり、離席がなくなったとなると、「コンサルテーション」の要素が入るケースレポートとしてさらに良いものになると考えられる。

（東原文子）

(3) 保育カウンセリング

① 幼児期における保育カウンセリング

近年、親の子育て環境が変化しているなか、幼児教育・保育場面では、気になる子どもの増加や、養育困難を抱える保護者（育児不安、児童虐待等の増加）に対する支援、発達段階に応じた幼児養育のより一層の充実等、保育者に求められることが多様化、複雑化し、より専門的な対応が必要とされている。さらに、これらの要因が重なって保育者自身のメンタルヘルスの維持も大きな課題となっている。そのようななか、幼児教育・保育現場において保育カウンセリングの必要性が指摘されている（大竹、2020）。

※保育者とは、保育士、幼稚園教諭、保育教諭等で、教育・保育の専門的な知
識・技術を持ち、直接的に子どもの教育・保育に携わる者の総称とする。

② 　保育者が行う保育カウンセリング

　幼児教育・保育における保育者は、「複合的ヘルパー」に相当する。保育
者が実践する「保育カウンセリング」には、カウンセリングの基本的な姿勢
（カウンセリングマインド）を活かしながら幼児教育・保育を行うという側面
と、保育者が保護者等に実際にカウンセリングを行うという側面がある。前
者について、保育者が、子ども、保護者、同僚との日々のかかわりの中で、
カウンセリングの考え方や態度、姿勢をもって生活することで、安心できる
環境や人間関係を築くことができる。後者について、保育者が、保護者と面
接を行い、子どもへのかかわり方についての相談、子どもの発達にかかわる
相談等の子育て支援が行われる（学校心理学ではコンサルテーションと呼ばれる
内容）。保護者や家族が抱える悩みへの支援や保護者の要望やクレームへの
対応も含まれる。

　また、小1プロブレムに代表されるように小学校への移行の課題がある。
幼稚園、保育所（園）等においても、仲間同士のやりとりが増える時期に適
切な行動を身につけることや、ルールやきまりを守ること等、小1プロブレ
ムの予防の観点からソーシャルスキル教育の実践が行われており（佐藤、
2015）、学校心理学における一次的援助サービスにあたる取り組みが行われ
ている。また、予防のためには、幼児教育・保育と小学校教育との円滑な接
続を図ることが重要とされるが、そのためには、子どもの課題の情報共有、
入学当初におけるスタートカリキュラムの編成等にとどまらず、互いの教育
方法の理解も含めた保育者と小学校教職員との連携が必要とされる。連携を
行う際、学校心理学におけるコーディネーションの知見は有用であろう。

③ 　心理職の専門家が行う保育カウンセリング

　上記②では、保育者が行う保育カウンセリングについて述べたが、保育カ
ウンセリングには、主として保護者や保育者に対して、心理職の専門家によ

り行われるカウンセリングのことを指す場合もある（大堀、2019）。現状では心理職の専門家が幼稚園・保育所（園）に常駐している場合はまだ少なく、実際の支援は、巡回相談や専門家派遣の事業等により実施される。巡回相談では、在籍する幼児のうち特別の配慮を必要とする子どもに関して、担当する保育者と相談を行ったり、ニーズの高い保護者に対して面接を行ったりする。支援が必要とされる場合には、園での観察や発達検査、知能検査等によるアセスメントを行い、保育者や保護者と話し合いながら援助計画作成およびその実践が行われる。医療機関との連携が必要と判断された場合には、適切な専門機関へのリファーが検討され、コーディネーターの役割を担うことがある。

④　学校心理士としての保育者

　保育者には、保護者を含めた子どもの発達を支える援助者として、確かな知識と保育カウンセリングを十分に行える資質・能力を身につけることがこれまで以上に求められると考えられる。学校心理士における保育士、幼稚園教諭の割合は、小・中・高等学校の教諭に比べると多いとは言えない状況にある（﨑濱、2020）。保育カウンセリングに限らず（保護者へのコンサルテーション含む）、多職種連携（コーディネーション）、特別な配慮を必要とする幼児への支援（障害をもつ幼児、外国籍の幼児等）に役立つ理論や方法論等、学校心理学の枠組みは、保育者にとっても有益な知見を提供できるものと考えられる。学校教育に馴染みの薄い保育者がケースレポートを作成する際には、まず学校心理学の理論、用語をよく理解し、学校心理学的視点から自身の実践を客観的に振り返ることが重要である。そのためには、学校心理学に精通している学校心理士によるスーパービジョンを活用することが特に有益と考えられる。

（石川満佐育）

⑷　児童福祉

　近年児童福祉の立場からの学校心理士資格を取得したい人が増えている。ここでは、児童福祉領域での支援とケースレポートを書く際の注意点について触れてみたい。

1)　児童福祉領域での支援内容

　児童福祉領域に属する施設は、児童福祉法の中からピックアップすると、助産施設、乳児院、母子生活支援施設、児童館のような児童厚生施設、児童養護施設、児童心理治療施設、児童自立支援施設及び児童家庭支援センターになる。配置しなければならない職員も各施設によって若干異なるが、医師、看護師、保育士、児童生活支援員、児童指導員、児童自立支援専門員、家庭支援専門相談員、心理療法担当職員、栄養士、調理師等多くの職種が含まれている。その中で学校心理士資格を取得している人は必ずしも心理職とは限らず、児童生活支援員、児童指導員、児童自立支援専門員、家庭支援専門相談員などの人も学校心理士の資格を持って、施設内で子どもの学習・生活指導に取り組んでいる。

　児童養護施設心理職の仕事内容は、若本（2017）が行った調査からみると、頻繁に行っているのは、子どもの心理面接・遊戯療法（81.6%）、指導員・保育士への情報提供や助言（52.2%）、子どもの生活場面での面接や巡回（36.8%）が上位に位置づけられている他、子どものアセスメント、児童相談所や学校等・関係機関との連携業務も高い％を占めている。つまり、児童福祉施設の心理職務は①子ども個人に関連した職務（心理アセスメント・遊戯療法等）②子どもの生活に関連した職務（情報提供・連携）が主な内容と言える。このことを踏まえて、児童福祉職員が書くケースレポートの特徴と注意点を考えてみよう。

2)　児童福祉臨床の分野におけるケースレポートの注意点

①　客観性に基づいたまとめ方

　児童福祉施設で働く職員にとって、施設は「職場」であると同時に「家」

でもある。通常に考える心理教育臨床と異なり、生活に入り込んでのサポートになる。その結果、日常的な関わりが非常に濃くなり、情緒的にも巻き込まれやすいことになる。無論、巻き込まれること自体が必ずしも悪いことではないが、情緒的に巻き込まれることによって、転移感情が生じ、本来の子どもへの心理サポートや指導にブレが生じやすい。その結果、アセスメントが曖昧なまま援助経過のみの報告になってしまう傾向がある。ケースレポートは自分を客観視する役割もあるので、書く際はいつも以上に客観性を意識してまとめる必要がある。

② アセスメント情報収集の限界と扱い方

児童福祉施設では、子ども本人について情報は多いが、それに比べて、生育歴や家族歴などの情報が少ないとよく言われている。これは、例えば、虐待ケースの場合、保護者自身が覚えていないか語りたくないからで、さらに、個人情報保護の観点から詳しい情報を入手できない場合もあろう。ケースレポートをまとめる際は、必ずしも過去の歴史が大切ではなく、他職種職員が関わった生活記録や談話を取り入れることも可能である。職場を「家」と関連した場合、心理検査のみがアセスメントではなく、生活に密接した場、そこで関わっている各職種の観察・インタビューを取り入れて、アセスメントを行うと良いと思われる。

また、ここは個人情報が多く扱われる箇所なので、レポートに影響がない程度に慎重に省略や作り替える必要もあろう。

③ 教育援助の経過の書き方

支援経過は単なる記録ではなく、アセスメントの結果に基づいた支援プロセスである。プロセスごとに分けて整理するのもわかりやすい・効果的な書き方であろう。だれの視点に立ったレポートなのかも常に意識する必要がある。視点がずれると、レポートはまとまりにくくなり、全体的な考察も説得力のないものになってしまうのである。

（芳川玲子）

(5)　療育・リハビリテーション（児童発達支援センター、病院等）

　現在の我が国は特別支援教育の考え方に基づき、障害や病気を有する幼児児童生徒であったとしても、本人の希望を尊重し教育的ニーズを把握して、子どもが望む場で教育を行っている。しかし、障害や病気の特性によっては、学校のみのサポートがかえって子どもの QOL（クオリティ・オブ・ライフ、生命や生活の質）を低下させてしまう危惧もある。こうしたことを防ぐためにも、療育やリハビリテーションの分野と学校教育は丁寧な連携が求められている。ここで機能するのが学校心理学の視点ということになる。

①　領域の特徴

　療育とリハビリテーションについて、以前は知的障害や身体障害のある子どもに対する就学前の訓練が療育であるというか、病気やケガによって損なわれた身体機能からの回復をリハビリテーションであると、それぞれ限定的に考えられていた。そうした発想の療育やリハビリテーションは、医学的な改善が目標となり、子どもの暮らし、ましてや学校生活にはあまり関心が持たれなかった。しかし近年になって療育やリハビリテーションと学校生活は、常に子どもの発達を促進させる車軸の両輪として認識されるようになった。ただ、だからこそ学校生活との接面は慎重に考えなければならない。

　現実的な療育・リハビリテーションと学校生活が、簡単には折り合えない場合について「時間感覚」と「場所」に関する優先度の相違点を表1-2に示

表1-2　療育・リハビリテーションと教育・学校の優先する事項

	療育・リハビリテーションの立場	教育や学校の立場
時間感覚	子どもの状態像を年単位で考えることもある。一方、一日の中で予定変更になることもある。	小・中・高それぞれに年限がある。1年の中で学期の区切りがある。卒業式や修学旅行といった年1回だけの行事もある。
場所	生活の場から離れた入所（入院）があり、一方で自宅から長時間移動の通所（通院）もある。	基本的には自宅から通う。必要に応じては寄宿舎で暮らす場合もある。

した。これらの調整には、学校心理学におけるコーディネーションの機能を活用すべきである。コーディネーションのプロセスは、ケースレポートの作成と重なることから、レポートの見出しを参考にして考えてみたい。

　なおケースレポート作成の前提として、関係者に了承を得ることや守秘義務の取り扱いについては、特に慎重な配慮が必要である。

② 　ケースレポート作成の留意点

　架空のケースで考えてみたい。ある身体的な病気で就学前から療育を受けながら普通学級で学ぶ児童がいる。学校生活は順調ではあるが、病気に関する定期的な検査が必要であり、その日は遠方の病院に行くため欠席しなければならなかった。ある時、この児童が楽しみにしてきた学校行事と通院が重なることが判明すると、この児童は学校生活に対して消極的になってしまい、それまでの順調な学校生活が一気に崩れかけてしまった。

　こうしたケースでは、医学的な診断名も重要ではあるが、大切なのは病気によって学校生活にどういった影響が及んでいるのかであり、学校の日課等も考慮して記述するのが「心理教育的アセスメント」となる。

　続く「教育援助の経過」は、単なる記録ではなく「誰が、なぜその援助を行ったのか」が明確になるように記述したい。児童を担任だけでは支援できないのでチームを結成し、担任は児童の言い分をよく聞き、一方、日程変更の可能性を探り、教務担当は校内行事の変更を模索し、養護教諭は病院に通院日の変更が可能かを問い合わせた、といった事項である。スーパーバイザーには、チームがまだ気づいていない支援の可能性について助言を得た。結果として、日程の変更はできないので通院を優先し、行事はビデオに撮影し後日あらためてお楽しみ会としてビデオを上映し他の児童と共に楽しみを分かちあった。

　この経過を「誰が何を行った」として記述するだけでなく、教職員のコーディネーション過程に関する先行研究と比較し、学校心理学の観点から援助の効果と反省点について考察を行うことで、次に似た場面に出会う学校心理

士への知的な共有財産になるのが優れたケースレポートといえよう。

（氏家靖浩）

3．ケースレポートの構成と書式

⑴　学校心理士認定のためのケースレポートの領域

　学校心理士認定のためのケースレポートは、その活動内容に応じて以下の11の領域に分かれる。自分の取り上げるケースが、これらのどの領域にあたるのかを適切に判断する必要がある。

①個人やグループに対して、教師が行った継続的な指導・援助

②個人やグループに対して、スクールカウンセラー等が行った継続的な指導・援助

③通常学級等での学習や進路に関する指導・援助

④障害のある子どもに関するアセスメントと「個別の指導計画」等の作成およびその実践

⑤コンサルテーション（特定の子どもに対する指導・援助の体制づくりとその活動（教師や保護者への支援を含む））

⑥学級づくりや保護者への援助

⑦学年や学校全体のマネジメントと組織作り

⑧個人やグループに対する学校外での継続的な指導・援助

⑨学校外での専門的なアセスメントと「個別の指導計画」等の作成およびその実践

⑩学校外でのコンサルテーション

⑪その他

⑵　学校心理士認定のためのケースレポートの書式

　ケースレポートは、A4判の縦用紙に、横40字×縦25行の形式で横書き、ページ下部にページ番号を記入する。文体は「である」で書く。図表や引用文献の全てを含めて10ページとする。10ページより多くても少なくても認め

られない。表紙は不要であり、片面印刷とする。レポートは、共通した以下のような項目（①〜⑬）で記述する。以上の書式が守られていない場合は、審査の対象とはならないことに注意する。

①テーマ

②表題

③報告者氏名

④報告者の立場

⑤教育援助の対象者

⑥教育援助を行った機関、施設、場所

⑦期間

⑧教育援助開始時における対象者の問題の概要

⑨教育援助開始時における、対象者、学校、学級そして家族の環境などについての心理教育的アセスメントの焦点、方法と結果

⑩心理教育的アセスメントに基づく教育援助開始時の教育援助の方針と計画

⑪教育援助の経過の概要

⑫本ケースにおける教育実践についての学校心理学の観点からの考察

⑬教育援助の自己評価（自己点検）

　なお、グループで行ったケースの場合は、主に自分が中心になって行ったものを選び、どのようなグループで教育援助が行われ、自分がその中でどのような役割を果たしたのかを明記する。その上で、以降の記述は自分が担当した心理教育的アセスメント、教育援助などに限って述べる。

（小泉令三・家近早苗）

4．ケースレポートの各項について

⑴　テーマ

　日頃の自分の実践のケースからケースレポートを書くのに十分な記録があるものを選ぶとよい。ケースレポートは上述のように一定水準以上の力量が

あることを判断するものであるので、その内容は必ずしも立派な実践である必要はない。また現在の力量を評価するためのものであるので、少なくとも申請時直近（ケースの実施期間の開始日または終了日が含まれていれば可）5年以内のケースを提出すること。

　また、テーマは申請者が申請する類型と対応していることを原則とする（例：学校教員の類型で申請する人は学校場面におけるケースを提出する）。なお、大学院の授業（実習など）の一環として行われた実践も可とする。

　前記の11の領域のいずれのケースレポートであるかを番号によって明記する。

⑵　**表題**

　援助の内容が分かるタイトルを付ける。少なくとも、誰へのどのような援助なのかが分かることが重要である。申請者の行った教育援助の主たる領域が明確になるように工夫して決める。

⑶　**報告者氏名**

　申請者の氏名

⑷　**報告者の立場**

　教育相談員、担任教師、学年主任、スクールカウンセラーなど、どのような立場でその教育援助を行ったのか明らかにする。

⑸　**教育援助の対象者**

　援助対象の児童生徒の性別、年齢、学年、特別支援学級などの場合はその学級、家族構成などの情報。プライバシー保護の観点から実名をあげてはいけない。「A児」のように記載する。

⑹　**教育援助を行った機関、施設、場所**

　A小学校教室、B市教育センター相談室などのように記し、場所が具体的に特定できないように注意する。援助の機関についても、申請者が申請する類型と対応している必要がある（例：学校教員の類型で申請する人は学校場面におけるケースレポートを提出する）。

18

(7) **期間**

　援助開始日と終了日（実際に援助・指導を行った年月日　例えば2014年4月1日から2015年3月31日まで）を書く。継続中のケースの場合は「○○より現在まで（継続中）」と書く。

(8) **教育援助開始時における対象者の問題の概要**

　教育援助開始時の主訴、教育援助の依頼事項など、教育援助の主たる焦点となった子どもの問題状況を書く。記述は冗長さを避け、かつ必要な情報が明確に書かれていることが重要である。

(9) **教育援助開始時における、対象者、学校、学級そして家族の環境などについての心理教育的アセスメントの焦点、方法と結果**

　教育援助開始時点における心理教育的アセスメントの焦点（例：発達の遅れ、学習のつまずき、仲間関係の不適切さなど）とそれを評価するために用いたアセスメントの方法（観察、面接などの方法やその手続き、検査の場合は使用検査名）を明示する。アセスメントは、学習面、心理・社会面、進路面、健康面など学校生活全体にわたるものであること（すなわち、例えば、養護教諭による健康面と心理面だけのアセスメントでは不十分）、また教育援助開始時の状況から特に重要なところに焦点を当てている必要がある。さらにそのアセスメントの結果を記す。アセスメント結果の記述に際しては、アセスメントの担当者や情報源を明確にして、観察結果、聞き取りの結果、検査結果などのデータ（資料）を整理して記述する。その際に、具体的な事実と事実から推論したことを明確に分けて書く。なおアセスメントの方法が、一つの心理検査だけになったり、援助者独りの限られた観察だけに偏ることのないように注意する。そして、子どもの状況、おかれた環境、子どもと環境との関係など、総合的なアセスメントの結果を述べる。

　最後にアセスメントの結果の要約を、学校心理学に関連する領域の知識を用いて簡潔にまとめる。特に、問題の概要に対応した適切なアセスメントの選択やその根拠、その結果の解釈を明確に記すことが重要となる。この部分

だけを読んでも、報告者のアセスメント結果に関する見解が読み取れるように書く。

⑽　**心理教育的アセスメントに基づく教育援助開始時の教育援助の方針と計画**

　教育援助開始時に行った心理教育的アセスメント（⑼で記述した）に基づき、援助の方針と具体的な計画（誰が、どのような援助をいつからいつまで）を述べる。場合によっては、子どもの問題状況について立てた仮説を含めてもよい。

　援助の方針や計画の記述では、アセスメントの結果との関係をきちんと説明する。すなわち、アセスメントの結果を踏まえた援助の方針や方法の設定の論理的なつながりを、明確に記すことが重要である。またここでは、教育援助の方針と計画が、どういう援助者（のチーム）で、どのように作成されたかを明確にする。

　教育援助が主として心理教育的アセスメントであった場合は、⑼⑽の記述を多くし、⑾を簡単にする。

⑾　**教育援助の経過の概要**

　教育援助の内容やそれに応じた子どもならびに周辺の双方の変化の過程についていくつかの段階に分け、教育援助の方針・計画に基づいて、どの援助者が、どのような援助活動を行ったかを明確に記述する。教育援助の段階のタイトルは、文学的・象徴的なものよりも、教師、スクールカウンセラー、保護者など援助者の仲間に伝わりやすいものにする。そして、「援助方針にしたがって、どんな援助を行ったか」「その結果子どもはどうなったか」「子どもを取り巻く状況はどうなったか」についてまとめる。さらに必要に応じてこれらの変化により、「次の方針や計画をどう修正したか」を書く。援助対象の様子や面接のやりとりだけの記述では教育援助過程のレポートにはならない。教育援助過程の説明のために図表を用いるときは、図表の内容を最小限にして、援助活動が図表と本文で伝わるようにする。なお、援助サービ

スが援助チームによって行われている場合は、申請者が行った関わりが明確に示されている必要がある。

　スーパーバイザーの意見をどのように支援に生かしたのかについても、時系列に沿って具体的に記述する。

⑿　**本ケースにおける教育援助の実践についての学校心理学の観点からの考察**

　本ケースの教育援助の実践を行う際に参考にした理論、先行研究、教育援助のケースや実践のモデルについて述べ、それらと比較しながら本実践が持つ学術的な意義を評価する。特に、学校心理学の諸領域の知識や研究成果を活用して、学校心理学の視点から行う。具体的には、何が援助対象者の変化をもたらしたかについてのメカニズムとその理論的考察、援助対象者の周辺の環境の変化への考察と評価、ケースレポートで述べようとした目的に照らした総合的な援助の効果についての考察、ケースレポートを書くことを通して得た新しい理解や発見、残された課題などを述べる。教育援助の内容、教育援助のアプローチ、教育援助の特徴、教育援助の方法などテーマを立てて、考察すると良い。学校心理学に関連する引用文献があることが望ましい。この考察の部分も、従来のケースレポートで不十分さの目立つところである。ケースレポートを私的な体験にとどまらせることなく、理論や、他の研究や報告と関連づけ、その位置づけや意味を明確にすることは、ケースから得た知識や体験の一般化にとって重要である。

⒀　**教育援助の自己評価**（自己点検）

　行った教育援助に対する自己評価を、自己評価の方法や結果を交えて述べる。教育援助開始時の方針・計画、援助過程における援助対象の状況の変化や援助方針・計画の修正などに基づいて、ケースにおける教育援助について評価する。実践された教育援助によって援助対象がどう変化し成長したかに焦点を当て、援助できたことと援助サービスの限界や反省などについてまとめる。「子どもの変化」「教師・保護者の変化」「学校の変化」などについて

の視点があることが望ましい。また教育援助の結果の評価において用いた方法についても記載する必要がある。従来のケースレポートでは、特にこの自己評価の不十分さが目立つ。自己の教育援助の実践をきちんと自省し、次の援助活動に生かす姿勢が学校心理士には重要であり、その意味で十分に書きこまれる必要がある。

（小泉令三・家近早苗）

第2章　スーパービジョンと協働・コンサルテーション

1．スーパービジョンについて

　平木（2017）は、スーパービジョン（以下 SV と表記する。なお、以下スーパーバイザーを SVor、スーパーバイジーを SVee と表記する。）に関する多くの著書には、多少のニュアンスの違いと多様な定義が述べられていると指摘している。多くの英米の論文に採用されている代表的なものは、下記のバーナードとグッドイヤー（Bernard & Goodyear、2009）の定義である。この定義は、主として個人 SV を念頭にしていると考えられる。

　「SV とは、ある専門職の経験豊富な先輩による経験の浅い後輩や同僚に対して提供される介入である。この関係は、

・評価的で、階層（ヒエラルキー）的で、

・一定期間継続され、そして、

・経験の浅い後輩の専門的な機能を高める目的をもつと同時に以下の目的ももっている。すなわち、この後輩がクライエントに提供する専門的な支援の質を観察（モニター）するとともに、特定の専門職に就こうとするこの後輩に対しての門番（ゲートキーパー）となることである。」

　この個人臨床に関する定義に対して、心理臨床にシステミックな考えを取り入れて SV モデルを構築しているのがホロウェイ（Holloway, E.L.）である。彼女は、SV を、下記のように説明している。

　「SV することは、経験豊かな臨床家、あるいは、感覚の優れた教師や鑑識眼のある専門家の目で、他者の作業を監視することである。SV は、SVor によって表現され、示された心理療法のプロセスの本質を学習者が習得し、続いて、実際のカウンセリング関係その本質を再創造する機会を提供することである。」

　また、西園（1994）は、「SV とは、SVee に、患者の症状や行動、態度など、心理の見方とともに、SVee 自身の患者理解や言動など心理がどのように影響しあっているかを理解するのを援助する過程である」と定義している。

⑴　スーパービジョンの要件と要素

　馬場（2001）や一丸（2003）らは、個人 SV が成立する要件を三つ上げている。第一の要件は、基本的に一対一の SVor と SVee の関係ということである。第二に、その SVor と SVee が目標、時間、場所、料金などの契約のもと、一定期間、定期的に継続して SV 関係をもつことである。第三に、SVee が SVor に、ひとつの事例について毎回の面接内容を報告し、「何が起きているのか」「今後どうしていったらいいか」、またクライエントの言動だけでなく、SVee の関わりや感情などについても丁寧に検討していくこととされている。野島（2001）は、グループ・SV の要件として、「SVor と固定した数名（3〜7名）の SVee で継続的に毎週行われる」「SVee は進行中の一事例について、毎週あるいは数週間に1回、1時間以上の指導を受ける」「1事例についての指導が10回以上なされる」こととしている。したがって、メンバーが入れ替わり、人数も10名以上で実施される事例検討会とは区別している。

　平木（2017）は、これらの要件をみたす SV について、より詳細な要素に分けて解説している。

①関係：SV は相互主体的関係において行われる評価的介入である。SVor と SVee 関係は、SV において最優先され、SV の本質、媒介、学習同盟ともいえるものである。

②評価：SV には評価がある。つまり、SVee がその言動についてフィードバックを受け、セラピー上の長所や欠点、スキルや機能の改善点が伝えられ、クライエントのケアが適切になされているかがモニターされる。

③期間：SV は学習と成長が起こるプロセスであり、そのためには時間が必要である。それは、異なったクライエントを対象に、多様な介入、戦略、

技術の活用を学ぶための時間である。

④専門的機能の向上：SV はセラピストが概念化の能力、介入、アセスメント、実践力などをより効果的に身に付けるための支援である。

⑤専門職サービスの質のモニター：SVor は、SVee のクライエントの受けるケアに対して最終責任を取る。

⑥門番（gatekeeper）：上記モニター機能と同時に SVor は、SVee のセラピースキルが基準に達していないと判断したときは、補習、個人療法などの改善訓練を要求することができる。つまり、専門職に就く準備が不十分であること、その領域への参入は許されないことを判断する責任を負う。

(2)　学校心理士に求められる SVor の役割

　教育現場においては、スクールカウンセラーや担任教諭、養護教諭や管理職を対象にして、学校組織や学級経営に関する適切な助言が学校心理士には求められる。それは、一次的援助サービスである開発的カウンセリングの視点や二次的援助サービスである予防的カウンセリングの支援、そして、三次的援助サービスである治療的カウンセリングの視点である。そうした三つの

表 2-1　弁別モデルの概要

	スーパーバイザーの役割		
SVの焦点	教　師	カウンセラー	コンサルタント
介　入	セラピストが新たな技法を習得する必要がある時に教える	クライエントの影響に気づき、それに対応する	クライエントに適用できる他の介入を考える
概念化	クライエントとの思考にパターンや面接内の行動などについて概念化して伝える	クライエントに対するセラピストの防衛や心地悪さを語れるようにする	セラピストがケースの概念化に活用できる他のモデルについて話し合う
個別化	セラピストの反応の特徴が個人的な特徴を反映していることを学ぶために読書を勧める	セラピストのクライエントへの防衛感情を明確化する	セラピストの特定のクライエントへの違和感を緩和すべく、そのテーマについて話し合う

援助サービスと、個人、集団に関するアセスメントについて、学校心理士は SV ができるように訓練することが求められている。高橋（2003）は、教育現場における SV は、他職種間におけるコンサルタントとしての立場が必要としている。表 2-1 は先にあげたバーナードとグッドイヤーが示した Svor の役割を平木（2017）が要約したものである。

（山谷敬三郎）

2．校（園）内連携とケースカンファレンス

⑴　校（園）内連携

　2003（平成15）年 3 月に示された「今後の特別支援教育の在り方について（最終報告）」により、「特殊教育」から「特別支援教育」へと教育の考え方についての転換がなされ、幼稚園・小学校・中学校・高等学校を含め、全ての学校において一人ひとりの教育的ニーズに対応した教育が始まることとなった。このような状況下においては、従来にも増して、障害に応じた教育についての理解とそれに基づく実践を推進していくことが求められるのとともに、校（園）内連携、いわゆる支援体制の充実を図る必要がある。

　校（園）内の支援体制について、2017（平成29）年 3 月に示された「発達障害を含む障害のある幼児児童生徒に対する教育支援体制整備ガイドライン」では、「校長のリーダーシップの下、全校的な教育支援体制を確立し、教育上特別の支援を必要とする児童等の実態把握や支援内容の検討等を行うため、特別支援教育に関する委員会（校内委員会）を設置します。」と記されている。なお、校内委員会の具体的な役割については、表 2-2 に示す説明がされている。

　さらに、校内委員会を核にした教育支援を充実させるためには、「特別支援教育コーディネーターを指名し、校内の教職員や、校外の専門家・関係機関との連絡調整に当たる仕組みを整備する。」「該当学級の学級担任だけでなく、同学年の担当教員、専科担当教員、その他ティームティーチング担当教

表2-2　校内委員会の役割（文部科学省、2017）

○児童等の障害による学習上又は生活上の困難の状態及び教育的ニーズの把握。
○教育上特別の支援を必要とする児童等に対する支援内容の検討。
　（個別の教育支援計画等の作成・活用及び合理的配慮の提供を含む。）
○教育上特別の支援を必要とする児童等の状態や支援内容の評価。
○障害による困難やそれに対する支援内容に関する判断[*1]を、専門家チームに求めるかどうかの検討。
○特別支援教育に関する校内研修計画の企画・立案。
○教育上特別の支援を必要とする児童等を早期に発見するための仕組み[*2]作り。
○必要に応じて、教育上特別の支援を必要とする児童等の具体的な支援内容を検討するためのケース会議を開催。
○その他、特別支援教育の体制整備に必要な役割。

[*1]　障害の有無の判断を校内委員会や教員が行うものではないことに十分に留意する必要がある。
[*2]　各学校に在籍する児童等は、特別支援学校と異なり、全ての児童等が障害による学習上又は生活上の困難があるわけではないため、各学校における校内委員会の役割として、障害による困難のある児童等を早期に支援する仕組み（早期に気付くための教員の研修の実施、判断の参考となるツールの活用、保護者からの相談体制（合理的配慮の提供プロセスを含む）、前の在籍校等からの支援内容の適切な引き継ぎ体制等）を作ることが重要。

員、少人数指導担当教員等、学校内外の人材を活用して個別や小集団での指導体制を整備する。」「巡回相談員、盲・聾・養護学校の教員など専門知識を有する教員、スクールカウンセラー等心理学の専門家等による支援体制を整備する。」といった、系統的な支援を行うための組織と仕組みを構築することが求められる。

⑵　ケースカンファレンス

　教育上特別の支援を必要とする幼児児童生徒に対して、個々の教育的ニーズを把握して、具体的な支援内容を検討するために、ケース会議（ケースカンファレンス）を開催する。また、支援を効果的なものにするためには、校内全体で組織的に取り組むことが重要であり、そのためには、より客観的かつ多面的に実態を把握する必要がある。

　図2-1は、文部科学省（2020）が、石隈・田村（2003）および石隈（1999）を参考に作成したケースカンファレンスの内容枠組みの例である。

　なお、ケース会議を行う主たる目的は、「チーム援助」（石隈・田村、2003）

28

を実現するためであることは言うまでもない。図 2-1 を手段に、被援助者について の情報が集められ、つながり、意味づけられることで、理解が深まり、援助方針がより確かに共有される。さらに、援助者が発見され、つながることで、援助ネットワークを構築する機会を得ることにもなる。

■重要用語
(1) 校内委員会の役割

　校長主導の下、全校的な教育支援体制を確立し、特別の支援を要する児童等の実態把握や支援内容の検討を行う
(2) 特別支援コーディネーターの役割

　適切な支援を行うために、関係機関・者間を連絡・調整し、協同的に対応できるようにする
(3) ケース会議の役割

　教育上特別の支援を要する児童等に対して、個々の教育的ニーズを把握して、具体的な支援内容を検討する

■調べよう・深めよう！
(1) 個別の教育支援計画の形式と作成方法
(2) 校内委員会と自身との関わりを想像しよう

（梶井芳明）

【記録シートの例】※第3章実践例4の例　　実施日　：○○/○/○○　　　　　　　第 ○ 回
　　　　　　　　　　　　　　　　　　次回予定：○○/○/○○　　　　　　　第 ○ 回
　　　　　　　　　　　　　　　　　　出席者名：在籍学級担任,通級担当,特別支援教育コーディネーター，養護教諭,教頭，母親

苦戦していること（ 自分の気持ちを理解したり、表現することが苦手。　　　　　　　　　　　　　　　）

児童生徒氏名 小学校2年 G 担任氏名 ○○		知的能力・学習面 (知能・学力) (学習状況) (学習スタイル) など	言語・運動面 (ことばの理解や表現) (上下肢の運動) など	心理・社会面 (情緒面) (人間関係) (ストレス対処スタイル) など	健康面 (健康状況) (聴覚・視覚の問題) など	生活面・進路面 (身辺自立) (得意なことや趣味) (将来の夢や計画) など
情報のまとめ	(A) いいところ 子どもの自助資源	図表やイラストなどがあると理解しやすい(担任)	クレヨンで絵をかくことが得意(担任,通級)	友達と仲良くしたいと言っている(担任) 自分の好きなことは活発に話す(母,担任)	食欲がある(母) 視覚・聴覚の困難は特になさそう(養護)	話をすることや絵を描くことが好き(母,担任)
	(B) 気になるところ 援助が必要なところ	授業で先生の話が理解できない(担任) 宿題が完成しない(母,担任)	語いが少ない(コーディネーター) 身近な言葉で知らないものが多い(母,担任)	気持ちを言葉で表現するのが苦手(母,担任,通級) 友達が嫌がっても関わる(担任)	嫌なことがあったときは寝付きが悪い(母)	片付けのとき手順を守ろうとし過ぎて，時間がかかる(担任,母)
	(C) してみたこと 今まで行った，あるいは，今行っている援助と，その結果	授業ではゆっくり伝えたが，Gが理解できるときと理解できないときがある(担任)	Gの知っている言葉を使うようにすると話が伝わりやすい(担任)	話を聞くようにすると，Gは活発に話す(母,担任)	Gが寝るときは側にいると，落ち着く(母)	急かさないようにしているが，つい急かしてしまう(担任,母)
援助方針	(D) この時点での 目標と援助方針	(目標1)Gは学校や家庭であった出来事に「いつ、どこで、誰が、何をした。どんな気持ちだった。」を教師の問い掛けに答えながら話したり書いたりする。 (目標2)Gは自分の気持ちや表情に合ったイラストを選択肢から選ぶ。 (方針)Gの強みや好きなことを活かした指導をすることで，Gの学習意欲を高めるようにする。				
援助案	(E) これからの援助で何を行うか	①Gの話を聞きながら,ホワイトボードを使って,状況が分かるような絵や要点を表す言葉を書く ②Gの強み(視覚的な情報処理)を活かして，授業・行事で図表やイラストを使うとともに，話す情報量を減らすようにする	①学校や家庭での出来事について，話をしたり，絵を描いたりする時間をつくる ②絵を見ながら，Gに絵について話してもらい，要点を言葉にする	①話の中で出てきた気持ちに合う言葉や表情のイラストを選ぶ課題に取り組む	①体調が気になるときは，保健室に行くようにすすめ，丁寧に話しを聞く	①母親がGの様子について相談できるようにする
	(F) 誰が行うか	①通級 ②担任，通級，コーディネーター，教頭	①母，通級，養護 ②通級，母	①通級，母	①養護，担任	①担任，通級，コーディネーター，養護，SC
	(G) いつから いつまで行うか	4月〜	4月〜	4月〜7月(1学期中)	4月〜	4月〜

参照：石隈利紀・田村節子共著『石隈・田村式援助シートによるチーム援助入門―学校心理学・実践編―』図書文化社
　　　石隈利紀著『学校心理学―教師・スクールカウンセラー・保護者のチームによる心理教育的援助サービス―』誠信書房　(c) Ishikumra & Tamura 1997-2003

図 2-1　ケースカンファレンスの内容枠組みの例（文部科学省、2020）

3．コンサルテーションについて

⑴　コンサルテーションとは何か

　学校心理士は、教師や保護者のほか、スクールカウンセラーなどの専門的ヘルパーやボランティアヘルパーなど、子どもに直接的にかかわる人々が子どもの問題状況の解決を効果的に援助できるように働きかける。このような援助活動がコンサルテーションであり、コンサルテーションを提供する人をコンサルタント、コンサルテーションを受ける人をコンサルティと呼ぶ。

　今田（1998）は、「子どもの福祉（個々の成長と発達を援助すること）を考え、スクールサイコロジスト（心理教育的援助サービスの専門家）、教師（学習指導サービスの専門家）、管理職（学校経営の専門家）、保護者（養育の専門家・責任者）が、それぞれの専門性を認識し、尊重して、それぞれの専門性・固有性をより生かしていくために、情報や素案を提供したり、助言を求めたりする活動が、学校心理学の視点に立ったコンサルテーション」であるという。また、石隈（1999）は、コンサルテーションを「異なった専門性や役割をもつ者同士が子どもの問題状況について検討し今後の援助のあり方について話し合うプロセス（作戦会議)」であると定義する。

　援助チームにおいては、コンサルタントとコンサルティの関係は一方向ではなく、異なった専門性や固有の役割を持つ人々が情報や発想の交換を行い、方略を検討しながら援助し合うので、相互的コンサルテーションとなる。

　また、学校心理士は、学校組織が子どもの学習と発達にとって適切に機能するように働きかける。管理職へのコンサルテーションのほか、学校内に設置された不登校支援、いじめ防止対策、特別支援教育推進等にかかわる委員会に対するコンサルテーションのほか、学級崩壊の頻発する学校や不登校児童生徒数が急増した学校に介入することがある。

⑵　コンサルテーションとスーパービジョンとの異同

　コンサルテーションは、カウンセリングやスーパービジョンとは異なる。

　コンサルテーションとカウンセリングは、相互の信頼関係に基づいて問題

解決をめざすプロセスであるという点で共通しているが、カウンセリングがクライエントの個人的・情緒的な問題を扱うのに対して、コンサルテーションはコンサルティの問題解決や課題遂行を援助し、コンサルティの援助能力を向上させることを目標とする。

　また、スーパービジョンは、共通の専門性や役割をもつ者同士で、上級者が行う指導・監督であるのに対して、コンサルテーションは異なる専門性・役割をもつ者同士が、コンサルティの職業上・役割上の課題に焦点を当て、対等の関係を基礎に、それぞれの専門性を活かした配慮や工夫を提供し合う。

　なお、学校カウンセリングの場面では、直接的援助としてのカウンセリング、間接的援助としてのコンサルテーションと、スーパービジョンの3つの機能が同時に進行し、コンサルタントがコンサルテーションとスーパービジョンの両方を担うこともある（図2-2）。

図2-2　カウンセリング・コンサルテーション・スーパービジョン（構造的援助）

⑶　コンサルテーションの種類と機能

　大きな援助ニーズをもつ子どもの問題解決をめざして三次的心理教育的援助として行われるコンサルテーションには、不登校支援委員会や特別支援教

育推進委員会の下で活動する援助チームにおける活動がある。基幹となる委員会を組織して定期的に開催するとともに、個別に対応する援助チームを結成するが、いずれも画一的な組織である必要はなく、それぞれの学校の特徴を活かすチームを独自に創り上げていくことが求められる。また、組織を機能させるにはコーディネーターの役割が重要であり、基幹の委員会や個別対応チームが閉鎖的にならないように留意する。

　二次的心理教育的援助として、配慮を必要とする子どもの早期発見と早期対応をめざして行われる予防的援助ためのコンサルテーションには、校内研修として行われる事例検討会や意見交換会がある。また、学校や教師からの援助要請を受けて学校心理士が学校に出向き、気になる子どもについて観察した結果をもとに情報交換を行ったり、保護者との面談を持ち掛けたりする活動も含まれる。

　開発的援助のためのコンサルテーションは、すべての子どもを対象にした一次的心理教育的援助として行われる。学校心理士が、特別活動やキャリア教育などの体験的活動を担当する教師を支援する場合や、構成的グループ・エンカウンターを導入した自己理解と人間関係づくりのプログラム開発についてコンサルテーションを行うこと、教員向けの「学校カウンセリング講座」や保護者向けの「子育て講座」を担当する。子どもの教育や養育に携わる教師や保護者が心理教育的援助サービスの技能を高め、援助資源の活用を

表2-3　コンサルテーションの基本的なすすめ方

1	開始：問題意識をもった人からの援助要請
2	パートナーとしての協力関係づくり
3	問題状況の明確化（具体的な定義）と仮の目標設定
4	問題状況の生態学的アセスメント―複数の情報源からの情報収集
5	目標の決定と問題解決のための方略の探求・選択
6	問題解決の方略の実行
7	実践の評価とフォローアップ
8	終結：相互的コンサルテーションへの移行

図る能力を向上させることができれば、問題や課題をもつ子どもの早期発見や早期対応に有効である。

　なお、コンサルテーションの基本的なすすめ方については、表2-3に一連のステップとして示した。

■重要用語

⑴　コンサルテーション（相互的コンサルテーションを含む）

　異なる専門性や役割をもつヘルパー同士が、対等な関係を基礎にして、お互いに情報や素案を提供し合い、助言を求め合う活動。

⑵　固有の専門性の認識と尊重

　専門的ヘルパー、複合的ヘルパー、役割的ヘルパー、ボランティアヘルパーがそれぞれの役割を活かして協働するための基本的態度として重要である。

⑶　学校組織へのコンサルテーション

　学校が子どもの学習と発達にとって適切に機能するように、管理職や学校内に設置された各種の委員会に対してコンサルテーションを行う。

■調べよう・深めよう！

⑴　コンサルテーションを実施する際に工夫する「斜めの関係」

⑵　コンサルテーションの具体的なすすめ方とその留意点

（三川俊樹）

第3章　倫理について

1．教育実践と心理教育的援助サービスの研究と倫理

　学校を中心とする各教育実践現場においてより質の高いサービスを、持続可能性をもって提供するためには、そこで専門職者として責任を持って働く教師等の実践者に必然的に「研究と倫理」が求められる。それにもかかわらずこうした問題（課題）意識が一般的でなかったのは何故であろうか。

　典型的あるいは象徴的には、おそらくは「専門職者」を単なる「（例えexpert 実務的卓越者とされても、事実上は単なる）実務家」（実務家教員）とみなし、その「対極」に研究者（研究者教員）を置きつつも、楽天的に「理論と実践の架橋・融合」を目指した専門職大学院（教職に特化した専門職大学院である教職大学院等も含む）の制度設計に問題があったと思われる。これでは、専門職者として当然である「倫理」は社会的あるいは事実上、必然化するが、「研究と倫理」という重要な関連性が出てこない。

　そもそも professional＝専門職者は実践現場における（実践的な）研究者であり、アカデミズムの世界における研究者が未知の新奇性を有する分野のspecialist であるとすれば、実践現場での実践家もアカデミズムの世界における研究者等も知らない新奇性を持った分野の specialist である。教育実践と心理教育的援助サービスの専門職者としての教師は当然に「専門家」なのである。

　さらに、教職大学院は「（教職という）専門職者としての倫理」を独立の科目設定として必修化していないので、「倫理」そのものの正面からの統一的総合的な議論や検討ができないでいる（筆者の勤務する教育に関する専門職大学院では「専門職者としての倫理規範」として 2 単位必修授業となっている）。これは不可思議と言うしかない。

　そもそも広く専門家 professional はどのようなものなのか。佐藤（2015）は次のような専門家の 5 つの要件をあげている。

1）仕事の目的→私的利益目的ではなく、公共的な利益（人々の幸福）

2）仕事の遂行→大衆が保有していない高度の知識と技術により遂行（大学院レベルの専門家教育 professional education）

3）専門家協会 professional association（行政機構から独立して組織された職能団体）を組織して、自律的に免許と資格を認定し、高度の専門性を維持し更新する研修制度を確立している（大学教授→学会と教授会、医師→医師会、弁護士→弁護士会など）

4）政策や行政から独立した自律性（専門家協会の自律性によりその地位と権限と活動の自由を保障）

5）（上記 4 要件から必然的帰結とした）倫理綱領を有していること（政治的な統制や行政による干渉から独立した自律性保障→自律性の基礎となる責任を自己管理する倫理綱領の作成、それによる倫理的責任の自己管理）

　教職を含み看護職や介護職、職業斡旋等のキャリア関連職、各種の司法・矯正教育職等のヒューマンサービス分野での専門家・専門職は上記の専門家としての要件を現時点で満たすものではないにしても、これらの分野における今後の制度設計に大きく関わるものである。現代社会において複雑多岐にわたる諸問題・課題を解決・打破するためには、新しい「専門家・専門職」像が求められている。この意味でショーン（一般的なコメントは、ショーン、1983、この解説として佐藤、1992）による二つの専門家像（従来の専門家像・「科学的技術の合理的適用」を原理とする「技術的熟達者」VS. 新しい専門家像・「行為の中の省察 reflection in action」の原理で実践遂行する思慮深い専門家＝「省察的実践家」）は注目に値する。

　学校心理士はその倫理綱領において学校心理士として行う実践や研究に関して次のように宣言している。

　「学校心理士はすべての人の基本的人権を尊重し、活動の対象となる人々

の成長発達のために、学校心理学の専門的力量を発揮するよう努めなければ
ならない。そのために、学校心理士は、活動の対象となる人々に与える影響
の重要さを認識して、社会的責任と人間としての道義的責任を自覚しておか
なければならない。」

　専門家・専門職としての学校心理士の「研究と倫理」の基本原則である。
このことをいつも銘記すべきである。

　さらに日本においては、2015 年 9 月に公認心理師法が公布された。法に定
められた心理関連職現任者の講習や試験が実施され、「公認心理師」が誕生
している。汎用性のある心理職国家資格（名称独占が法定）として今後、学校
心理士の「研究と倫理」にどのように関わってくるのかについても注視する
必要がある。

■重要用語

(1)　大学院

　大学には、大学院を置くことができ、学術の理論及び応用を教授研究し、
その深奥を究めて、文化の進展に寄与することを目的とする。大学院におけ
る課程は、修士課程、博士課程及び専門職学位課程の専門職大学院の課程を
いう。

(2)　専門職大学院

　専門職学位課程は、高度の専門性が求められる職業を担うための深い学識
及び卓越した能力を培うことを目的とする。

(3)　教職大学院

　専門職学位課程のうち、専ら幼稚園、小学校、中学校、義務教育学校、高
等学校、中等教育学校、特別支援学校及び就学前の子どもに関する教育、保
育等の総合的な提供の推進に関する法律に規定する幼保連携型認定こども園
の高度の専門的な能力及び優れた資質を有する教員の養成のための教育を行
うことを目的とする。

■調べよう・深めよう！

(1)　学校心理士の倫理綱領 http://www.gakkoushinrishi.jp/aboutkikou/rinrikitei.html について詳しく調べてみよう。

(2)　professional と amateur、specialist と generalist の違い、さらに例えば professional と generalist、あるいは amateur と specialist の関係等さまざまな組み合わせでそれぞれの持つ用語の理解を深めてみよう。

（長谷部比呂美・大野精一）

2．学校心理学と倫理綱領

　『日本心理学会倫理規程』（公益社団法人日本心理学会倫理委員会、2011）に示されているように、心理学にかかわる者の責任と義務には、3つの側面がある。第1に、個人に対し、その権利を守り、研究において客観性、公正性を重んじなければならない。第2に、社会に対し、その諸問題の解決に努めなければならず、誤った情報を提供したり心理学の過剰な一般化を行って人々を混乱させてはならない。第3に、学問に対する責任として、科学的態度を堅持し、真理を探究するとともに、技能を研鑽し、知識の蓄積や更新に努めなければならない。

　これは、学校心理士倫理綱領においても同様であり、個人に対する「基本的人権の尊重」という観点、社会や学問に対する「社会的責任」という観点の2つが含まれている（松浦、2004）。ケースレポート作成にあたっては、「倫理綱領に沿って実践が行われたか」「これらの責任と義務を果たした内容・形式で報告がなされているか」が重要なポイントになる。

　ここでは、学校心理士倫理綱領の内容について、もう少し詳しく解説する。

　まず、基本的人権の尊重についてである。「人権の尊重（第1条）」にあるように、学校心理学では、児童・生徒、家族をはじめ、さまざまな関係者が対象となるが、これらすべての人の基本的人権を尊重しなければならない。これには、たとえば、年齢、性別、人種、信条、障害や疾病の有無などによ

って差別したりすることなく、公平な援助を提供すること（『日本心理学会倫理規定』、p. 32）などが含まれる。また、ケースレポート作成段階においては特に、「秘密保持の厳守（第 4 条）」に示されている個人情報に関する守秘義務に留意する必要がある。学校心理士は、幼児・児童・生徒や関係者の個人的側面や内面的側面に関わる情報を知り得る立場になることが多い。しかし、原則として、実践中も、その報告においても、それらの情報を第三者に開示することはない。たとえ学校心理士認定のためのケースレポートであっても、それは同様である。したがって、援助サービスの対象者・関係者が特定されるような情報は、ケースレポートには記載しない。

　次に、社会的責任についてである。「責任の保持（第 2 条）」にあるように、学校心理士は、自らの活動に社会的、人道的責任を持たなければならない。したがって、ケースレポートにおいても、自らの立場をふまえて責任を果たしているかが重要になる。また、「研修の義務（第 5 条）」にあるように、学校心理学に関する知識や技能をつねにブラッシュアップするよう努めなければならない。したがって、ケースレポートにおいても、問題点の把握、アセスメントの手法の選択、援助方針や計画、援助内容、そしてその自己評価や考察に、学校心理学に関する知識・技能が反映されているかが重要なポイントとなる。特に取り組みの意義や反省点の考察については、学校心理学の知見に照らし、心理学的な意義を明らかにすることを試みるべきである（『学校心理学ガイドブック』第 4 版、p. 226）。そして、ケースレポートは事例研究の一つであり、「研究と公開（第 6 条）」にのっとって行われる必要がある。対象に不必要な負担をかけたり不利益を与えたりしないことに加え、研究の過程で知り得た、関係者に関するデータその他の個人情報の記録、保管、廃棄の全過程に責任を負う（『日本心理学会倫理規程』、p. 22）。

　なお、倫理綱領第 3 条「心理教育的援助サービスの実施と介入への配慮と制限」は、上に述べた 2 つの観点のいずれにもかかわる。この項目については、第 1 節で詳細に述べられている。

■重要用語
⑴　人権の尊重
⑵　秘密保持の厳守

■調べよう・深めよう！
⑴　学校心理士倫理綱領をもう一度熟読しましょう。
⑵　日本心理学会倫理規程には、より具体的な行動の指針が載っています。
　　目を通してみましょう。

（森田愛子）

3．学校心理士や公認心理師における倫理について

⑴　ケースレポートに現れる倫理的問題

　「ルビンの盃」という有名な絵がある。人によっては盃の絵に見え、別の人には向かい合っている二人の人間の顔に見えるというものである。絵のような単純な視覚刺激に対してもこのように見解が分かれる。ましてや、学校心理士や公認心理師が関わるケースに現れる複雑な倫理的問題については、捉え方や考え方、そして解決への道筋も、専門家によって大いに異なると言える。

　人によって見解が異なる倫理的問題に対して、私たち専門職は一定の枠組みを持って対応する。その枠組みを提供するのが職業倫理である。公認心理師の現認者講習会テキストには、金沢（2006）によるメンタルヘルス領域の職業倫理を以下の7つの原則が紹介されている。以下に、引用する。

　　　第1原則：相手を傷つけない、傷つけるおそれのあることをしない。第2原則：
　　十分な教育・訓練によって身に着けた専門的な行動の範囲内で、相手の健康と福
　　祉に寄与する。第3原則：相手を利己的に利用しない。第4原則：一人ひとりを
　　人間として尊重する。第5原則：秘密を守る。第6原則：インフォームド・コン

　セントを得、相手の自己決定権を尊重する。第7原則：すべての人々を公平に扱
い、社会的な正義と公正・平等の精神を具現する。

　研究倫理的問題は、これら7つの原則のうちいくつかに関連している。た
とえば、ただケースレポートを執筆するだけでも、レポート内の表現によっ
ては第1原則の「相手を傷つけない、傷つけるおそれのあることをしない」
に反する可能性がある。またケースレポートを書くことは、学校心理士の資
格申請の（必要）要件であるため、申請者が資格を取得できるという恩恵に
つながる。このことから第3原則の「相手を利己的に利用しない」との関連
は複雑で微妙であると言わざるを得ない。またケースレポートでは、匿名化
されているとは言え、クライエントの情報が外部に出ることになる。そのた
め、第5原則の「秘密を守る」をどのようにとらえるのか難しい問題をはら
む。さらに、クライエントに資格取得のためのケースレポートの提出を断ら
れた場合はどうであろうか。そのケースをレポートにすることは第6原則の
「インフォームド・コンセントを得、相手の自己決定権を尊重する」に反す
る。
　このように見ると、（資格取得のために）ケースレポートを書いて提出する
という事柄だけでも、7つの職業倫理原則のうちの実に4つの原則に関わっ
ている。いわんやケースの中で生じる様々な倫理的問題については、より複
雑になる。

⑵　倫理的問題の解決の道筋とその記載

　このように複雑な倫理的問題について、どのように解決し、どのようにケ
ースレポートにまとめればよいのだろうか。学校心理学ガイドブック―第3
版―には、重要なことが記載されている。「ケースレポートとして提出する
ケースについてはスーパーバイザー（学校心理士であることが望ましい）のス
ーパービジョンを受けている必要がある（p. 235）。」
　すなわち、自らが担当するケースについて、上に紹介した7つの倫理原則

にどのように抵触し、それらをどう解決してゆくのか、繰り返し検討することが大切である。加えて、倫理的問題についてスーパービジョンを受けるべきである。申請者は自ら気づかなかった倫理的問題をスーパーバイザーから指摘されることもあろう。学校心理学ガイドブック第3版には「スーパーバイザーの意見がどのような形で生かされたのかの記述が、ケースレポートの中に明確になされていることを確認すること（p. 241）。」とある。

さきの7つの倫理的原則の中には、どの原則が優先されるべきか記載されていない。複数の原則が相反し矛盾する事態になったときに、どの原則がどれだけ重みを持って扱われるのかについて、一人で判断しないことである。必ずスーパーバイザーに相談し、解決の方向を探る努力を行うべきである。

ケースレポートの執筆を機会に、倫理的問題について深く考え、スーパーバイザーと話し合う時間を持って欲しい。

■重要用語

(1) 守秘義務

業務上知った秘密を守り、個人情報を開示しないという義務のこと。

(2) タラソフ事件

米国で起きた事件で、セラピストは潜在的被害者に危険を伝えなかったために殺人事件が起きた。

(3) 警告義務

クライエントが自傷他害の危険性がある場合、セラピストは潜在的被害者を危険から保護する義務のこと。

■調べよう・深めよう！

(1) 職業倫理の7原則について調べよう。

(2) 担当しているケースについて、職業倫理の7原則のどこに抵触している

のか検討しよう。

（山口豊一）

第4章　ケースレポートの実際

１．個人やグループに対して教師が行った指導・援助（不登校など）

⑴　テーマ

　①個人やグループに対して、教師が行った継続的な指導・援助

⑵　表題

　コーディネーション委員会の機能を生かした不登校生徒の援助

⑶　報告者氏名

　○○○○

⑷　報告者の立場

　中学校教諭　学級担任（以下担任とする）

⑸　教育援助の対象者

　Ａ子（中学２年女子）。両親、Ａ子、弟（４歳）の４人家族。父親は公務員、母は弟を保育園に預け、パート勤務を再開した。

⑹　教育援助を行った機関、施設、場所

　Ｂ中学校相談室および保健室

⑺　期間

　20XX年６月より20XX＋１年２月（継続中）

⑻　教育援助開始時における対象者の問題の概要

　中学校２年生のＡ子は、おとなしく内向的で、友人は少なく教室内ではひとりで過ごすことが多かった。教室移動では、数名の女子の後ろに黙ってついて行く様子が見られた。体育大会や校外学習などの行事では、体調を崩し欠席が目立った。中学校に進学する前から、友人関係や学習について不安を語ることが多く、入学後は母親に「学校が面白くない」と訴え、１年生の３学期から登校をしぶりはじめ、週に２～３日と休むようになった。

　2年時にクラス替えが行われ、A子は新しい学級に慣れようと進級当初は、友達と一緒に登校することができた。しかし、連休明けの5月中旬から休みがちとなり、6月に入った頃から登校することができなくなった。担任が家庭を訪問するとA子は玄関先まで会いに来て、担任が話す学級の様子に興味を示し、黙って聞いていた。「体調はどう？」と尋ねると「大丈夫です」と明るく応えた。母親は4月から以前勤めていた職場に復帰し、弟の保育園への送り迎えや日々の仕事に追われ、登校しようとしないA子に困りながらも具体的なことは何もしてこなかった。しかし、休み続けるA子の様子に不安を感じはじめ、担任に相談した。

(9) **教育援助開始時における、対象者、学校、学級そして家族の環境などについての心理教育的アセスメントの焦点、方法と結果**

　教育援助を開始するにあたり、A子の生育歴等について母親面談による聞き取り、WISC-Ⅳの実施、hyper-QU の分析を行った。

① 　A子の成育歴について母親から以下のような情報が得られた。

　妊娠・出産時とも経過は順調であった。始語は1歳10か月と遅めで、1歳半検診でも言葉の遅れが指摘された。2年保育で幼稚園に入園したが、登園時母親から離れられず、泣いて母親や先生を困らせた。園ではひとりで過ごすことが多く、他の園児と一緒に遊ぶことには興味を示さなかった。卒園後は地元の公立小学校に入学し、3年生までは問題なく登校していたが、4年生に進級した頃から学校で嫌なことがあると「休みたい」「疲れた」と訴え登校をしぶるようになり、母親と一緒でなければ登校することができない日もあった。夏休みが終わり新学期が始まってからは、週に1〜2日と欠席が増え、10月上旬から約1か月間登校することができなくなった。冬休み後は、母親と一緒に登校したり、休みが続いたりすることもあったが、欠席が長期に及ぶことはなく5年生に進級した。5年生では、担任が「放課後学習の日」を設けると、毎日残って指導を受けていた。A子は「先生がていねいに教えてくれる」「わかると楽しい」と母親に話していた。担任はA子の学習

サポート役に友人をあて、そうした担任の配慮に母親は感謝していた。卒業までの 2 年間は登校をしぶることはなく過ごすことができた。中学校の進学についてA子は、「友達ができるかな」「勉強は難しくないかな」と不安そうだったが、新しい環境への期待も語っていた。

　母親との面談から、A子に言葉の遅れがみられたこと、内向的な性格で積極的に友人を作ることが得意でないことが明らかになった。また小学校では登校をしぶり、長期間登校できなかった時期があったこと、学習面で担任の個別支援を受けていたことがわかった。

② 　WISC-Ⅳから

　学習面での困り具合（認知特性の把握）を理解するため、A子と母親に検査内容と実施方法について説明し、検査を受けることをすすめた。A子と母親から同意を得て、C市教育センターでWISC-Ⅳを受けることになった。

　結果は、FSIQ：96、VCI：102、PRI：93、WMI：90、PSI：91で、全般的な知的能力水準は平均域であると推定された。PSI の値が「平均の下〜平均」ということから視覚的空間認知能力の弱さや、書くことの苦手さが明らかになり、授業中では特に板書に困り感を抱いていることが予想された。同様に WMI の値も低く、聞いたことを忘れずに保持する能力に弱さがみられ、指導や指示されたことに対し即座に反応できず、学習場面や集団生活で困難さを感じている様子が予想された。一方で、VCI の値は他の指標に比べ「平均」を示していた。言語能力は低くないものの、自らの思いを説明するなど良好なコミュニケーションを図ることが苦手で、友人関係を築くことが難しい状況であることがうかがわれた。

③ 　hyper-QU の結果から

　質問紙の回答をもとに、A子が学級に対して感じていることや考えていることを中心に分析した。学校生活意欲尺度は「困ったときに話を聞いてくれる友達がいますか」「勉強ができるようになろうとがんばっていますか」「クラスの人と色々なことをするのは楽しいですか」について、否定的な回答で

あった。学校生活満尺度では「あなたの気持ちを分かってくれるひとがいますか」について「まったくない」と回答し、「学校に行きたくないことがありますか」「学校でひとりぼっちでいることがありますか」について「よくある」と回答していた。またプロット図では、学校生活不満足群（要支援群）に属していた。これらの結果から学級集団への適応感が薄く、日々の学校生活に満足感を得ていないことがわかった。

　以上、教育援助開始時に行った心理教育的アセスメントから、A子は新しい環境に自ら働きかけ集団に馴染もうとする意識が弱く、友人関係を築くことも苦手で学級内で孤立感を抱いていることがうかがわれた。また WISC-Ⅳ検査からA子の認知的な特徴が示され、学習面で困難を感じていることがわかった。一方、A子の自助資源として小学校で自主的に個別の学習指導を受けたり、気心の知れた仲間とは交流し合ったりすることができていたことがあげられる。

⑽　**心理教育的アセスメントに基づく教育援助開始時の教育援助の方針と計画**

　上述のアセスメントをまとめた時点で、今後の教育援助の方針についてスーパービジョンを受け、校内支援体制のもと援助者が、役割と業務内容を明確にすることで、チーム援助が効果的にすすめられることが提案された。また、育児や仕事、A子の不登校で、母親自身の疲労感や不安感が高まっていることから、母親への支援が必要であると助言を受けた。そこで、「A子の困り感を教職員みんなで共有し、具体的な支援をもとに、安心して学習・友人関係を築けるようにする」を目標として、コーディネーション委員会で対応することとなった。A子の個別指導計画を作成し、援助者の関わりを明確にすることで、学習面、心理・社会面、健康面などを意識しながら、以下の教育援助の方針を立てた。

　①教育相談コーディネーター（以下、コーディネーター）が中心となって、
　　援助者の役割と業務内容を確認し、コーディネーション委員会を運営・

推進する。

　B中学校のコーディネーション委員会は、管理職、コーディネーター、生活担当、スクールカウンセラー、学習支援サポーターで構成され、必要に応じて他の援助者を加えることができることになっている。本件では、小学校の特別支援教育コーディネーターが参加し、A子の小学校での様子をうかがうことができた。

②学習面で困難を感じているA子に対し、特別支援教育コーディネーターが個別指導計画を作成し、各教科担任に提示する。また校内研修などで、A子の実態や対応について共通理解を図る。

③A子が学校生活で困っていることや不安に感じていることについて、担任と養護教諭が日常的に言葉を交わしながら援助を行う。

④母親の不安感を緩和するため、スクールカウンセラーによるカウンセリングの機会を定期的に設定する。また必要に応じて、養護教諭も参加する。

⑤学校生活の中で友人関係の広がりを目的とした機会を意識的に設定する。

　特に学習面では WISC-Ⅳ の結果から、指示は要点を絞り簡潔に伝え、連絡事項などはメモ帳に記録させるようにした。また学級復帰後の学習場面では、TT を配置し個別に対応できるようにした。その際、A子だけが特別扱いされぬように配慮した。

⑾　**教育援助の経過の概要**

第Ⅰ期：養護教諭同伴の家庭訪問とスクールカウンセラーによる面談（6月～7月）

　休みが目立ちはじめた中学2年の5月中旬頃から担任は、電話での連絡と週1回の家庭訪問を行っていた。担任が訪問するとA子は玄関先まで現れ話しをすることができたが、学校で困っていることや嫌なことをたずねると、黙り込むようになってきた。そこで、養護教諭が家庭訪問に同行し、A子と面談する場面を設定した。養護教諭には「朝学校に行こうと思うと、頭やお

腹が痛くなることが最近増えてきた」と体調について語るようになった。ま
た学校では、いじめられたり嫌なことをされたりすることは無いと話してい
た。

　6月中旬、登校する兆しがまったく見えないA子の様子に、母親の不安は
高まり、母親から担任に相談の電話がかかってきた。担任は、スクールカウ
ンセラーを紹介し6月下旬に面談することになった。A子も参加することに
なっていたが、当日になって「行きたくない」と拒み、母親ひとりが面談す
ることとなった。スクールカウンセラーは、勤め先に休暇をとって来談して
くれた母親に感謝の言葉を伝えた。母親は自ら、A子の成育歴について語り
始め、幼稚園に通っていた頃は友達と一緒に何かをしようとする方ではなく、
ひとりで遊んでいるのを好むタイプであること、小学校で不登校を経験した
ことなどが話された。また中学1年の後半から、授業がわからない、学校が
つまらないと不満を口にするようになり、学習面で苦労している様子がうか
がわれた。スクールカウンセラーは2回目の面談で、A子の学習に対する困
り感を理解するため、検査を受けることを提案した。母親は検査を受けるこ
とに対して否定的であったが、スクールカウンセラーの丁寧な説明に「A子
と相談してから決めたい」と応じた。翌日、母親から「A子も受けてみた
い」と言っている、と担任に連絡があり検査を受けることになった。また、
A子は勉強が遅れていることや今後の進路について心配していることが伝え
られ、担任は検査後に、スクールカウンセラーとの面談を提案し、A子はカ
ウンセリングを受けることになった。A子は、長く学校を休んでいることか
ら、教室に入ることに強い不安を感じていたが、相談室への登校はできるか
もしれないと話していた。

第Ⅱ期：コーディネーション委員会を中心に援助者による援助（8月〜9月）

　相談室での学習支援をすすめるにあたり、スーパーバイザーからWISC-
Ⅳとhyper-QUの結果をもとに、A子の学習面、心理・社会面、健康面に
ついて、4つの点でアドバイスを受けた。

①静かに集中できる安全で安心な環境の整備を行うこと。

②簡潔な指示、要点を明確にしてスモールステップを重視すること。

③自己評価表をもとに学習チェックを行うこと。

④単数から複数へと人間関係の広がりを少しずつすすめること。

　コーディネーション委員会では、あらためて援助者と具体的な関わり方について確認を行った。A子は通常の登校時間を遅らせ、相談室では学習を中心に行い、新しい環境に慣れるまでの間は、午前中のみの滞在とした。相談室は、すでに 3 名の生徒が利用し、2 名の支援サポーターが学習指導などを担当していた。支援サポーターとは、C市教育委員会が市内の小中学校へ派遣している外部援助者のボランティア的ヘルパーである。支援サポーターは、相談室の訪問者が増えたり、騒がしくなったりしたときはA子を保健室に移動させるなどの配慮を行った。保健室では養護教諭が、登校前の体調や相談室での生活などを中心にA子から話を聴くことにした。A子から、休みの次の日は学校に行きたくないと感じることもあるが、以前のような登校前にお腹が痛くなることは少なくなったと話していた。週 1 回スクールカウンセラーと面談し、相談室での学習について困っていることや要望などについて話し合った。A子は、学校を休んでいたころは勉強が遅れることがとても心配だったが、いまは少しずつ取り戻していることで安心している。さらに自己評価表をもとに学習を振り返ることで自信にもつながっていると語っていた。また、相談室での様子を毎日お母さんに伝えているが、嬉しそうに聞いてくれている、と教えてくれた。A子のペースに合わせ、静かな環境で学習することができる相談室登校の成果について、共通認識された。特にスクールカウンセラーと養護教諭の関わりが、心理面と健康面での支えとなりA子の安心感へと結びついていることや、支援サポーターによる援助が、学習意欲を高めることに効果的であったと評価された。またA子の登校によって、母親の不安感が徐々に改善され、精神的な余裕が感じられるようになっている。親子関係にも良い影響を与えているのではないかと、担任から報告された。

第Ⅲ期：Ａ子の自助資源を生かし学校行事への参加に向けた援助（10月～2月）

　Ａ子が相談室登校を開始してから1か月半後には、相談室内で給食を食べ、午後の学習にも参加できるようになった。相談室を利用する仲間と会話をしたり、ゲームをしたりと一緒に過ごす時間が増え、以前に比べ表情も明るくなり保健室を訪れる回数も少なくなっていた。スクールカウンセラーは母親との面談で、最近のＡ子の様子についてたずねたところ、10月に開催される文化祭に参加したいと話していることがわかった。Ａ子の学級では、アニメを題材としたオリジナル作品を作成して展示することになっていた。そこで、スクールカウンセラーは母親面接中の相談室にＡ子を招き、文化祭についての思いをたずねると、自分の好きなキャラクターにストーリーをつけて作品にしてみたいと語った。しかし、教室に入って、クラスの仲間と一緒に作業をする自信はなく、相談室ならできそうと話した。スクールカウンセラーはＡ子の希望をコーディネーターと担任、養護教諭に伝え、相談室でイラスト作成ができるようにコーディネーション委員会で検討してほしいと申し出た。委員会は、Ａ子が興味のあることに対し意欲的に関わろうとしていること、学級とのつながりを意識し始めたことを評価し、相談室での活動を支持した。その際、展示発表の趣旨に沿った作品となるように、相談室にＤ子とＥ子を招き、Ａ子のサポート役として制作の手順などをアドバイスしてもらい、Ａ子自身も満足のいく作品を作り上げることができた。

　文化祭当日、Ａ子は一緒に作業したＤ子とＥ子らと共に学校内の展示会場をめぐり、一日参加することができた。翌日の一般公開日には、両親と弟が展示会場を訪れＡ子の作品を見て、母親が「とっても素敵だったよ」と褒めてくれたことを、うれしそうに養護教諭に話していた。文化祭後も、学級復帰には至ることができず相談室登校を続けていたが、給食時間や放課後を利用してＤ子やＥ子が相談室を訪れ交流する機会が増えた。

　Ｄ子に誘われたのをきっかけに、総合的な学習の時間の取り組みとして行

われた上級学校訪問に、A子は事前学習から参加し、自ら希望してデザイン
関係の専門学校を訪問することができた。その後行われた進路希望調査には
「高校卒業後は専門学校へ進学希望」と記入し、担任との面談では「イラス
ト関係の仕事に就くため高校卒業後は、専門学校に進学し、さらに専門的な
勉強をしたい」と伝えた。進学について両親に相談したところ、父親から
「応援する」と言われたことがとてもうれしかったと話していた。しかし、
長く学校を休み、現在も教室に入ることができない状況に、高校進学に対す
る不安は大きく、「私は高校に行けますか」と悩んでいた。担任は、進路に
向け前向きな姿勢を見せ始めたA子に対し、高校進学に対する不安を取り除
くことを最優先に考え、今後どのような準備や手続きが必要かをA子に示し、
希望が叶うよう一緒に考えていくことを伝えた。

　現在、A子は相談室で支援パートナーから授業進度に沿った学習指導を受
けている。また昼休みや放課後に訪問してくるD子やE子と一緒に授業の内
容について確認し合い、相談室登校は休み無く毎日続いている。

⑫　**本ケースにおける教育援助実践についての学校心理学の観点からの考察**

　学校心理学においては、「個人としての子ども」と「環境の中の子ども」
を見る（石隈、1999）。子どもの問題状況とその要因のとらえ方は、「個人の
要因と環境の要因の相互作用によって生じる」という生態学的モデルに基づ
き考えられる。本ケースで取り上げたA子は母親との結びつきが強く、幼い
頃より集団内で過ごすよりも、ひとり遊びを好み、周りとの関係づくりは苦
手であった。このような状況は、A子の特性や発達状況に原因があると考え
られ、スーパーバイザーからの助言を受けながら、A子にとってふさわしい
環境づくりを優先した。また小学校では自ら放課後学習に参加するなど、学
ぶことへの意欲は感じられ、さらにそうした自助資源を生かしながら、A子
のペースに沿った学習支援を相談室登校という形態で提供し、学習への意欲
喚起と遅れに対する不安の解消を目指すことができた。これは、石隈
（1999）の指摘する「個人としての子ども」に着目した援助といえる。

54

　A子が小学校4年のとき、約1か月間登校することができなくなっていた時期があったが、この年の春に弟が誕生した時期と重なっていたことがわかった。母親は子育てに忙しく、A子にあまり関わることができなかったことをスクールカウンセラーに語っていた。また、A子が中学校に進学したのを機に、弟を保育所に預け、以前勤めていた職場に復帰していた。A子は慣れない中学校生活での不安や不満を母親に訴えるが、家事や育児、さらに仕事に疲れた母親にはA子を受け止める余裕はなかった。不登校状態が長期化するA子の様子に、将来への不安も高まり精神的にも追い詰められた状態であった。そうした母親に対し、スーパーバイザーからの助言は、母親への支援であった。コーディネーション委員会では、A子への援助と同時にスクールカウンセラーによる母親への援助をすすめることとした。スクールカウンセラーによる母親へのカウンセリングが、不安の解消と心の余裕へとつながり、A子との関わりにも変化がみられようになった。スクールカウンセラーからの助言もあり、母親は父親と弟を文化祭に誘い、A子の展示作品を家族みんなで鑑賞している。こうした援助は、A子に直接行ったものではなく、A子の生活環境である家族への働きかけで、「環境の中の子ども」に着目した援助である。さらにA子の行動や態度の変化が、両親にA子の将来を応援したいという意識を芽生えさせる結果となっている。

　生態学的モデルの考え方である二つの視点からの援助を通して、A子自身が抱えていた不安や学びの困り感が徐々に解消し、学習に対する意識や学級への関わりが促進され、登校状態の改善が見られるようになった。同時にA子の家族、特に不安や疲労感を抱えていた母親の意識やA子の対応にも変化がもたらされた。つまり、A子と家族との間に穏やかで安定した時間が増え、個々の対話から築かれた相互信頼が、A子の自立心や独立心を育み、将来に向けた進路計画ができるほど成長させることができたと考えられる。

⒀　**教育援助の自己評価**（自己点検）

　援助開始時のA子は、不登校状態の長期化にともない、学校への関心が薄

れ、友人との連絡も途絶え徐々に疎遠となり、自室で過ごすことが多くなった。また、登校を強く求める父親を避け、時には反抗的な態度を示すようにもなっていた。このような状況でA子が登校を再開し、高校・専門学校進学という将来に希望を抱きながら、学習に向かうようになるまでの援助について、効果的であったと考えられる点について述べる。

　第一に、A子が抱える問題状況について様々な視点から情報を収集し、分析して、援助に関する方針と具体的な援助計画を作成するための、心理教育的アセスメントを実施することができたことである。母親との面談やWISC-IV・hyper-QUの検査を通して、A子の発達状況や学校生活の様子、学習に対する意欲や認知スタイルなどの情報を得ることができた。特に小学校での不登校とその解決に至る担任の関わりは、今回のA子の援助に生かすことができた。また得られた情報については、スーパーバイザーによる分析と意味づけなどの助言をいただき、A子の援助計画を作成する際の参考とすることができた。

　第二に、チームで対応することができたことである。援助開始時、個別の援助チームでスタートしたが、スーパーバイザーからチーム援助の効果についてアドバイスを受け、校内体制としてのコーディネーション委員会による対象とした。B中学校のコーディネーション委員会は定例化し、週に1回開催され、A子と関わるすべての援助者が構成員として参加した。このことにより、情報伝達が迅速かつ正確に行われ援助内容も明確になると同時に、"いまのA子"に必要な援助を構成員間で共有することができた。さらに、援助者自身が自覚をもって関わることから、援助動機が高まったと考えられる。

　第三に、A子を取り巻く環境への意図的な関わりである。担任はA子を文化祭に参加させる機会を計画していたが、学級展示のテーマが偶然にもA子の興味のあるイラスト関係と決まったことで、D子とE子を展示作品の作成サポート役とした。友人や学級との関わりが、その後の上級学校への参加に

もつながったと考えられる。またスクールカウンセラーは母親に、家族で文化祭に参加することを提案し、両親と弟が中学校を訪れ、A子の作品に触れたことで父親の意識にも変化が見られた。スクールカウンセラーは意図的に家族に関わることで父親との関係の修復を試みた。こうした、意図的な援助はA子のみならず環境にも働きかけ、周りの人々の意識や態度に変化をもたらした。課題の解決にはこうした偶然が重なることは少なくない。そうした好機を見逃さず生かしていくことができたのは、チーム体制の構築のもと複眼的な関わりができたことによるものだと考える。

　本ケースについて、スーパーバイザーと共に振り返りを行った。A子の援助では、情報を収集し、分析を経て、具体的な援助計画が作成され、心理教育的アセスメントの重要性が再認識された。学校現場の教員は、アセスメントに対して多少不慣れな面もあるが、チーム援助をすすめるにあたり、専門性を有した援助者との協働作業を通して、効果的に活用することが今後さらに期待される。

■解説

　不登校の要因、背景はますます多様化、複雑化し、小中学校の不登校児童生徒数はおよそ16万5000人（文部科学省、2019）と、ここ数年増加の一途をたどっている。またその約6割が90日以上欠席し、不登校状態が長期化する傾向にある。

　学校心理士は心理教育的援助サービスの担い手として、子どもを不登校にさせない取り組みや不登校の子どもへの援助を行う。具体的には、すべての子どもを対象に、学習・対人関係など学校生活スキルを高めるためのガイダンスや心理教育を担当したり、実施のためのコンサルテーションを行う一次的援助サービスがある。また登校しぶり、学級での孤立、学習意欲の低下など不登校が表面化する前の変化を早期に発見し、適時の対応を行う予防的な二次的援助サービスがある。さらに子どもにアセスメントを実施し、結果を

まとめ、直接カウンセリングを行ったり、効果的な援助がすすめられるよう教師や保護者に対しコンサルテーションを行うのが三次的援助サービスである。ここでは、コーディネーション委員会などを中心に、スクールカウンセラーやスクールソーシャルワーカーなどの専門家・関係機関や保護者と連携し、「チーム学校」として援助者が協働しながら援助を行っていく。学校心理士は援助チームのコーディネーターとしての役割が期待される。

　本ケースは女子中学生の不登校事例について、心理教育的アセスメントを通してA子の自助資源を明らかにし、コーディネーション委員会を中心に、構成員の役割と業務内容を互いに尊重し合いながら、生徒と保護者に対し援助を行った実践例である。

■key word

⑴　コーディネーション委員会

　問題状況に関する情報をまとめ、学校内外の援助資源の調整・連携を行い、学校における援助サービスの充実を図ることを目的とした定期的に開催される委員会のこと。

⑵　チーム学校

　教職員や学校内外の多様な人材が、それぞれの専門性を生かして能力を発揮し、子どもに必要な資質・能力を確実に身に付けさせることをめざしている学校の仕組みのこと。

⑶　心理教育的アセスメント

　問題状況や危機の状況についての情報の収集と分析を通して、心理教育的援助サービスに関わる意思決定のための資料を提供するプロセスのこと。

（三浦公裕）

2. 個人やグループに対してスクールカウンセラーが行った指導・援助（友人関係）

⑴ テーマ

②個人やグループに対して、スクールカウンセラー等が行った継続的な指導・援助

⑵ 表題

「おしつけ感」の少ない SST の開発とその実践による学級内での仲間受容関係構築の試み

⑶ 報告者氏名

○○○○

⑷ 報告者の立場

教育援助の対象となった学級が存在する中学校のスクールカウンセラー（非常勤）

⑸ 教育援助の対象者

報告者が SC として勤務する中学校の 2 年生の学級

⑹ 教育援助を行った機関、施設、場所

A中学校教室

⑺ 期間

20XX年 Y 月 Z 日より現在まで（継続中）

⑻ 教育援助開始時における対象学級の問題の概要

　A中学校は小中一貫校ではないが、同じ校区に小学校 1 校、中学校 1 校があるのみであるため、児童生徒の構成があまり変わらない公立の中学校である。またA中学校は都市部の中心地区に存在し、古くからの住職一体型の商業地域に居住する住人が多いが、近年の都市居住への回帰傾向などを受け、再開発で建設されたマンションなどに地縁などのつながりを持たず居住を始めた住人の数も増えてきている。そのため、A中学校においても、小学校からの学校でのつながりに加えてさまざまな地域行事などを通じて形成された

仲間関係を有する者と、そのようなつながりがない状態で、転校などでその中に入る者の違いが存在した。

　そのため、いわゆる「中 1 ギャップ」の問題などは起きにくいが、人間関係の固定がみられ、新たな仲間の受け入れや新たな仲間との関係にかかわる能力を高める機会に乏しいことが担任より指摘されていた。

　また、4 月から転校生が 2 名クラスに入ってきたが、部活動などへの加入が無く、クラスの内外にまだ仲の良い友だちなどが出来ていない状況であった。いじめや仲間はずれなどへの発展の可能性は低いと思われるが、今後なんらかのきっかけがない限り固定化された仲間関係に入ることができないことが気になる点として担任から指摘されていた。

　そのような状況において、通常の仲間入りに関する SST などを行った場合、転校生などに注目が行きやすく、それがかえって悪影響をおよぼす恐れがあることについて担任から相談を受けており、生徒がやらされ感を持たずかつ特定の人間関係への注目が起きないような SST の実施の依頼がなされていた。

⑼　**教育援助開始時における、対象者、学校、学級そして家族の環境などについての心理教育的アセスメントの焦点、方法と結果**

①　SST を実施する学級の仲間関係の事前把握（問題の有無の確認）

　A 中学校では、市の教育委員会全体での「いじめゼロ」の取り組みに基づき、いじめアンケートを毎月行うとともに QU アンケートなども実施して、学級内の仲間関係の問題について継続的にアセスメントを行っている。

　4 月に実施されたいじめアンケートによる仲間報告、教師の日々の観察結果による教師報告、報告者が SC としてかかわる期間での観察などを総合して、教育援助開始時におけるいじめなどの存在は把握されていなかった。

　そのため、特にいじめなどの仲間関係の問題の存在を想定した上での矯正的な援助ではなく、全般的な対人関係能力向上を目指した上での開発的な SST の実施が可能であると判断し、それとあわせて自然な形で転校生 2 名

がクラスの仲間関係に入るきっかけになるような内容を含む SST の実施が必要であると考えられた。

② SST の効果検討に必要な手続きについての校長および担任との事前協議

　現在、A 中学校では年に 2 回 QU アンケートを実施してその結果を生徒指導活動に活用している。そのため、SST 実施の前後に QU アンケート実施を行ってもらい、SST 効果の検討にそれらの結果を活用できないかについて学校長に確認をした。しかし、調査時期の変更ができないことや調査の実施の母体などの関係でそのような活用は困難であることの回答が示された。続いて、藤本（2009）による CLASS に準じた手法によるクラス構造の把握についても提案したが、生徒の名前を挙げた上での調査に抵抗を示す生徒の存在の指摘がなされたため、クラス構造の把握は行わないこととした。個人のソーシャルスキルの状況について、菊池（2007）の KiSS-18 に基づく尺度で測定することについては承認が得られたため、その尺度にソーシャルスキルを改善する意欲や自分が今後伸ばしたいソーシャルスキルなどについて自由記述で問う質問紙を作成し、再度校長及び担任の確認を得て実施版を作成した。

⑽　**心理教育的アセスメントに基づく教育援助開始時の教育援助の方針と計画**

① 生徒との私的な会話を元にした SST の基礎計画の立案と 1 回目のスーパーバイズ

　クラスでの全体的な教育援助を行う前に、清掃のため相談室に来た生徒などを対象にこれまでの SST の受講体験をたずねた。その結果、小学校で「あいさつ」のスキルについて学んだという意見や、道徳の時間の中で「他人の気持ちを思いやる活動」などを行ったという意見がみられた。そうした体験についての感想を聞くと、ネガティブな意見を持つ者は少なかったが、「答えをおしつけられている感じ」といった意見や「あいさつが出来たから

ってそれでうまくいかないよね…」などといった感想もみられた。

　このうち、「価値観のおしつけ」という感想を持たれることは相川（2009）などでも指摘されており、中学生になるとそのような感想を持つ者の数も増えることが考えられた。また、あいさつなどを覚えても、という意見に関しては、ソーシャルスキルとされる行動が何かということ自体は知っており、どのような場面で何をすればよいのかなどは知っているが、それをしたからと言って複雑な仲間関係がよくなるわけではないよねという物足りなさについての指摘であったと考えられた。

　そのため、どのような SST を実践すると上記のような感想を持たれないかについて、スーパーバイザーと検討した結果、以下のような視点を導入した SST の実践が有効ではないかという結論にいたった。

1)　「良い例の提示とモデリング」というステップを重視しない SST

　SST は通常、「インストラクション」「モデリング」「リハーサル」「フィードバック」の各ステップから成るプロセスをへて行われることが多い。その際、「モデリング」のステップにおいてソーシャルスキルが高い生徒に前に来てもらい、その生徒が上手な行動を実演し、その行動をモデリングして実行してもらうという活動がよくみられる。しかしそのようなプロセスに対して「価値観のおしつけ」を感じる生徒がいることが分かった。そのため、「クラス全体のお手本」を示す形式ではなく、各自が「この場面において自分にとって一番スキルフルである行動」を考えてもらい、それを実行してフィードバックをもらうという形式での SST を実施することとした。

2)　未来志向の導入

　従来の SST では SST の参加者にとって身近で実際に体験するような状況を想定したものが大半であると考えられる。それは SST での学習が実際の人間関係において般化する可能性を高めるための工夫であると考えられる。しかしそのため、既にソーシャルスキルを有している者にとっては「退屈」であり、「答えのわかっている基礎問題を解かされているだけ」という感想

を持たれ、SST 参加への義務感、やらされ感が高まる恐れが存在した。

　今回 SST を実施するクラスでは仲間関係の問題などは存在せず、開発的な目的での SST の実施になる。そのため、中学 2 年生での実施であるが、あえて「高校生になったら」という設定のもと、未来の自分が身につけておくべきソーシャルスキルを想定させることで、適切なソーシャルスキルについて考える関与度を高めると共に、長いスパンで獲得を目指すソーシャルスキル像のイメージも可能にすることを目標とした。

② 　指導案の考案と SST 実施クラスの担任との検討

　先にあげた 2 つの方針を取り入れた指導案を作成し、実施予定のクラス担任にみていただいて内容を検討した。その結果、①当該年度の学校評価計画で改善方策として挙げられている「コミュニケーションの充実を図る学級づくり」に内容が合致しうる、②めざす子ども像としての「基本的生活習慣をみにつけた上で自分も他人も大事にでき、相手への思いやりと感謝の心で自己実現に向けて努力できる生徒」との関係を打ち出せないか、③ペアワークとグループワークを併用すると時間的にオーバーするのではないかなどの助言をいただいた。また、同じ 2 学年の別の担任の先生にも意見をいただき、最終的に以下のような指導案を作成した（表 4-1）。

⑾　**教育援助の経過の概要**

　授業時間を使用した SST の実施及び帰りの SHR の時間などを利用した教育援助のスケジュールを図のように計画した（図 4-1）。

① 　事前調査および SST 実施（20XX 年 5 月）

①事前調査
SST 実施

②帰りの SHR での
確認

③事後調査

5 月　　　　　　　　　　　　　　　　　　　　　　　7 月

図 4-1　教育援助のスケジュール

表 4-1　SST の指導案の一部

	学習活動と生徒の様子	ポイントと留意点
導入	(1)　ソーシャルスキルとは？ 　ソーシャルスキルという考え方や仲間関係における重要性について SC が説明する (2)　KiSS-18の実施 　クラス担任に質問紙の配布を依頼し SC は質問対応を行う。 (3)　KiSS-18を用いたソーシャルスキルの内容の確認 　質問項目に注目をさせ、ソーシャルスキルに含まれる行動について概観できるようにする。	プレゼンテーションを準備して短時間で視覚的に理解できるようにする。 　表紙の調査への同意を読んでもらい、同意の上 KiSS-18への回答に移ってもらう 　プレゼンテーションにも項目を用意して表示させながら確認する
展開	(4)　対象の変化によるソーシャルスキル実行の変化の理解 　「回答する際にあなたはどういった人を思い浮かべましたか？」 　「友だちを思い出して回答した人は、それが見知らぬ相手であった場合、どう変化すると思いますか？」 (5)　進学により地区のつながりを離れた仲間関係を持つようになることの理解 　県の web サイトより B 学区の「通学できる高校一覧」を表示し、県内の幅広い範囲に進学先が存在することを確認させる。 (6)　進学先で新たな仲間関係を形成する必要があることの理解 　「そこでは、どんな人と友だちになると思いますか？」 　「新しい人と友だちになる時には、どんな働きかけが重要だと思いますか？」 　質問紙に各自で回答を求める (7)　(6)で考案したソーシャルスキルのペアとの共有 　(6)で書いたことについてペアと話し、有効であるかを考えてもらう (8)　ペアで実際にソーシャルスキルのリハーサルを行う 　「それでは実際にやってみます。話しかける人と話しかけられる人をそれぞれ交替して行います。話しかけられた人は、自分ならどう返事をするか考えて返事を返してください。一言だけで終わらず、会話になるようにしてください。」 (9)　ペアを交替してのリハーサル 　ペアを交替して(8)を行う	担任に机間巡視をしてもらい、「誰を思い出した？」などとの声掛けをしてもらう 　担任に事前に準備をしてもらい時間をかけないようにする 　担任に依頼し、KiSS-18の次のページに移動していない生徒には移動するように促してもらう 　担任に欠席などでペアになれない生徒の調整をお願いする 　SC、担任それぞれが机間巡視をし会話を促進するとともに、仲間入りに関する会話をしているペアを確認していく
まとめ	(10)　生徒が考えたソーシャルスキルの共有 　ペアで行ったことを皆の前で実演してくれる人を募り、手が上がった場合は前で実演をしてもらう。時間がない場合や反応が悪い場合は実演ではなくどういうソーシャルスキルを考えたかについて発表をもとめる。 (11)　今後の実践の重要性の指摘とまとめ 　「今回のソーシャルスキルは、高校生になってからを想像して行ってもらいました。それを実行できるようになるためには、中学生の今からずっと練習することも必要です。そのため、これから 1 か月間、帰りの SHR などを利用して今日考えてもらったソーシャルスキルを行えたかどうかを振り返る機会を作ってもらいます。そのため、今日考えたソーシャルスキルは今日だけで終わらせずに、今後も実行してみるようにしてください。」	転校生が所属したペアではないペアで、仲間入りや仲間に入れてあげるソーシャルスキルを考えたペアの実演や意見発表がなされるように工夫する。 　本時のワークで考えたソーシャルスキルを日常場面で使用し、般化につなげるための大事な教示であるため、授業終了が近づいて騒がしくなっても静かにさせた上で丁寧に説明をする。

　事前調査および SST 実施については表 4-1 にあげた指導案の通りに実施した。参加者は A 中学校 2 年 B 組の36名（男子18名、女子18名）であった。担任の先生との事前打ち合わせをする時間が十分にとれ、本 SST の内容についての理解も十分であったため、質問紙の回答方法がわからない生徒への指導やペアワークの内容の理解が難しい生徒への指導などでのサポートを積極的に行っていただけた。また、生徒の参加の状況も積極的であり、ペアワークなどでは楽しそうに参加をしてくれる生徒が多かった。

　しかし、SST 終了後に回収した事前調査の質問紙に書かれたソーシャルスキルの内容を確認すると、当初想定していた、「高校生になった自分を想像した上で、他の学校出身の同級生との仲間関係で必要なソーシャルスキル」に関する記述はあまり多くなかった。その代わりみられたものとしては、①高校生になると許される行動などに関する記述（恋愛、スマホなどの使用、金銭感覚など）、②大学生レベルの高度な「大人」としてのソーシャルスキルを記述するものなどが多かった。これは、調査時に考えていた「小学校、中学校までの固定化された仲間関係から離れた人間関係」において必要とされるソーシャルスキルについてたずねるという意図を質問項目に反映させることができなかったためであったと考えられた。

　上記のような状況であった為、生徒自身が考えたソーシャルスキルをそのまま実践してもらうことは避けた方が良いと考えられた。

　上記の問題についてスーパーバイザーと協議した結果、①事前調査で書いてもらったソーシャルスキルから、特に中学生に身につけて欲しい代表的なソーシャルスキルをまとめたプリントを作成して月目標として掲示してもらう、②週1の担任による振り返り活動の際に、生徒が考えたソーシャルスキルから注目すべきものを選んでもらい、それへの解説を行ってもらう、という2つの方法でフォローアップを行うこととした。

②　帰りの SHR での確認（週1回）（20XX年5月～6月）

　毎週金曜日の帰りの SHR の時間に、担任により月目標に掲示されたソー

シャルスキルに関する掲示物に注目させた後、その週についてソーシャルスキルを実施出来た人に発表をしてもらうという形式で SST の定着を図った。当初、挙手などで自由に答えてもらうことを想定していたが、それでは回答する者がみられなかったとの担任からの相談があったため、担任からの発案を参考に、各週に男女それぞれ 2 名ずつあらかじめ指名しておき、週末にソーシャルスキルの実践について発表してもらう形式で行うことにした。このような働きかけは、生徒の自発性によるものではなく外発的な要因が含まれるが、指名をされた方が生徒も実施しやすくなり、またあらかじめ指名されていることを他の生徒が知っておくことにより、その生徒のソーシャルスキルの実行を受け入れやすくなることも考えられたため、上記の形式でのフォローアップを継続することとした。

③　事後調査（20XX年 7 月）

　クラス全員が週に行ったソーシャルスキルについて発表することを終えた次の週の帰りの SHR を利用し、SC が作成した事後調査の質問紙を担任に依頼して実施した。質問紙は、事前調査と同じ KiSS-18 に基づく尺度、実践し発表したソーシャルスキルの内容、実践し発表したソーシャルスキルが身についたと思う度合いについて 1 ～10点で回答を求めたもの、SST とその後の SHR での活動についての感想から成り立っていた。

⑿　**本ケースにおける教育援助実践についての学校心理学の観点からの考察**

　事前調査、事後調査それぞれの KiSS-18 に基づく尺度のデータをもとに、因子分析を行った。その結果、菊池（2007）で確認された 3 因子構造と同様の構造での解釈が可能であることが示唆された。第 1 因子では、「知らない人とでも、すぐに会話が始められますか」などの項目の負荷が高く、「関係開始」に関する項目がまとまることが示唆された。第 2 因子では、「相手が怒っている時に、うまくなだめることができますか。」などの項目の負荷が高く、「関係調整」に関する項目がまとまることが示唆された。第 3 因子では、「相手から非難されたときにも、それをうまく片付けることができる。」

などの項目の負荷が高く、「葛藤処理」に関する項目がまとまることが示唆された。

各因子に負荷の高い項目で下位尺度を作成し、内的整合性を確認するためクロンバックのα係数を算出したところ、「関係開始」で.78（事前調査）、.81（事後調査。以下同様。）、「関係調整」で.75、.73、「葛藤処理」で.65、.67という値であった。「葛藤処理」において十分な内的整合性が確認できなかったが、その他の下位尺度においては十分な値が確認された。

SSTおよびその後のSHRでのフォローアップの効果を検討するため、KiSS-18の全体の合計点および3つの下位尺度得点の事前調査と事後調査の平均点を用いて対応のあるt検定を行った結果、「関係開始」のみで有意差がみられた（事前調査：$M=2.74$（$SD=0.89$）、事後調査$M=2.84$（$SD=0.78$））。

これらの結果より、SSTおよびその後のSHRでのフォローアップの教育援助によってソーシャルスキルの全体の向上はみられなかったが、「関係開始」に関連したソーシャルスキルについては向上が確認できたと考えられる。

この度行った教育援助は、担任の先生によるSHRでのフォローアップ期間を長く確保できたが、そこでトレーニングの対象となったのは生徒が自身で考えた1つのソーシャルスキルのみであった。また、ソーシャルスキルを考える際に「知らない人たちと一緒になる時」という場面の想定をしたため、関係開始に関連するソーシャルスキルへの注目が特に高まることになり、その結果、関係開始に関連するソーシャルスキルにおいてのみ向上がみられたとも考えられる。そのため、今後はさまざまなソーシャルスキルに注目させ向上を意識させるなどの活動を導入することで、他のソーシャルスキルの向上についても目指せる可能性が示唆されたとも考えられる。

⒀ 教育援助の自己評価（自己点検）

自身は教員免許を有しているが大学院生であるため、教育現場での教育経験が存在せず、SCとして学校に関わることはこれが初めてであった。そのため、SSTの方法や調査研究などについての知識は存在していても、それ

をいかに学校現場で活かすことができるのか、そしてそれでいかに生徒それ
ぞれが自分のこととしてソーシャルスキルについて考え、それを伸ばしてい
けるかなどについての知識が存在しなかった。

　そのため、SST の計画や指導案の作成などにおいても、「クラス全体」に
向けての活動の視点しか出せず、生徒一人一人がそれぞれのソーシャルスキ
ルを楽しんで考えられる活動の導入ができなかったと考えられる。

　また、SHR でのフォローアップに関しては、生徒の自発性に任せるとい
うと良く聞こえるが、実際には生徒のソーシャルスキル実践を動機づけるた
めの手立てを考えられていなかったのが現実であり、担任の先生に教わって
はじめてそのような働きかけの重要性に気づけたと考えられる。これは自身
が生徒一人一人の特色に合わせた働きかけなどについて考える力が未熟であ
ることを示しており、今後生徒と個別に関わる機会が増えるために身につけ
るべき課題が明確になったと考えられる。

　しかし、SST に関する自由記述の感想においては、おしつけ感などの記
述はみられず、SST らしさを感じることなく楽しんで参加してもらえたこ
とも伺えた。そのため、今回のケースの体験を基礎として、よりよい教育援
助を可能とするような SST プログラムの開発を今後も目指していきたい。

■解説

　本ケースレポートは、SST 実施の効果が事前事後の調査結果からはほと
んど確認できなかった内容となっている。通常、このような効果のみられな
かったケースはレポートとしてまとめられることは少ない。しかし、効果は
出てはいるがそれがなんらかの仮説や見立てによる働きかけの結果ではない
ものの報告を読んでも、そこから他の者が実践方法を学ぶことは難しい。む
しろ効果がなくても事前の十分なアセスメントのもとしっかりとした援助計
画がなされた上で行われたケースであれば、その失敗から学ぶことは多いだ
ろう。また、そのような計画で実施され記述されたケースのレポートは、読

み手にとっても理解がしやすくまたそのケースで得られた知見の再現がしやすくなると考えられる。

　近年、心理学研究の再現性に関する議論が増えてきている。その視点で言うと、p-hacking などをして無理に有意な結果を記述しようとしたり、良い結果を強調しようとしすぎて HARKing 的な記述になったりせずに、想定とは異なった結果になったことなどについて適切に見つめなおしをすることが、良いケースレポートの作成には重要であり、それはケースレポートの知見の共有の視点からも有効に働くと考えられる。

■key word

⑴　心理学の再現可能性

　ある実験や調査とそのデータの分析によって得られた結果が、それと同じ実験や調査が反復されたときに再現されることとされる（渡邊、2016）。再現可能なようにケースレポートを書くことは臨床実践においても有効であると考えられる。

⑵　p-hacking

　帰無仮説検定において有意水準に達した分析結果を人為的に得る問題ある研究実践。望まない結果をもたらすデータ・変数・実験条件の削除、都合の悪い実験報告の抑制、選択的データ収集など多岐にわたるとされる（藤島・樋口、2016）。

⑶　HARKing

　事後的仮説生成（Hypothesizing After the Results are Known）の省略形。有意とならなかった結果を報告にないなどの記述の単純化による p-hacking の隠蔽や、事前に仮説が存在し結果を予測できていたかのように論文を作成することなどが相当する（藤島・樋口、2016）。

（久木山健一）

3．個人やグループに対して保育者が行った援助（気になる幼児）

⑴　テーマ

　　⑧個人やグループに対する学校外での継続的な指導・援助

⑵　表題

　　心理教育的アセスメントと外部機関との連携による継続的支援

⑶　報告者氏名

　　○○○○

⑷　報告者の立場

　　A児の通う療育センターの職員（心理士）

⑸　教育援助の対象者

　　A児。幼稚園と療育センターに並行通園している4歳児。

⑹　教育援助を行った機関、施設、場所

　　幼稚園、療育センター、家庭

⑺　期間

　　20XX年Y月Z日より現在まで（継続中）

⑻　教育援助開始時における対象者の問題の概要

　　対象児Aは、幼稚園と療育センターのグループ指導に並行通園している4歳児である。知的発達や感覚面の評価のため、3歳児のときに田中ビネー知能検査Vと感覚プロファイルを実施した。Aは知的に軽度な遅れがあり、自閉症スペクトラムの診断もある。幼稚園では、苦手な活動ややりたくない課題、自分ができないと思った活動には頑なに参加しようとせず、遊びからの切り替えも困難であった。参加したくない活動に何度も参加するよう促されたり、自分の思い通りにいかなくなると、まわりの友だちをからかいちょっかいを出したり、集団からはずれる等の問題行動がみられた。自分の要求や思いを言葉で表現できずに相手のものを無理やり奪ったり、気持ちの高ぶりが抑えられず、暴言暴力に発展してしまうなど、自分の気持ちを表現するのが難しい場面もあった。また、感覚面の難しさもあり、椅子に座っている時

70

にはガタガタと椅子を揺らすことや座面からお尻がずり落ちてしまうことが多々あった。そのため、幼稚園の先生や保護者からは、活動参加が困難な場面で、Aなりに参加できるような援助を行うこと、他児とのトラブルが増加しているため、その予防的対応やトラブル時の介入を求められた。

⑼ **教育援助開始時における、対象者、学校、学級そして家族の環境などについての心理教育的アセスメントの焦点、方法と結果**

⑼-1　対象児について

①　田中ビネー知能検査Ｖ

　知的発達の評価のために３歳児（CA3：10）の時に行った田中ビネー知能検査Ｖの結果は、MA2：07、IQ67であった。この結果から知的に軽度な遅れがあり、集団での活動や一斉指示の理解に困難さがあると考えられる。認知的には視覚優位であり、意図理解の弱さやイマジネーションの乏しさが顕著であった。対人面では、受信よりも発信優位であり、課題の取り組み方はマイペースである。対人意識はあるものの、関心はものに向きやすく、言語性の課題よりも動作性の課題の方が意欲的に取り組むことが可能である。また、検査時の様子から動作性の課題に取り組んでいるときは姿勢が崩れることなく取り組むことが可能であるが、言語性の課題になると椅子をガタガタと揺らしたりと落ち着きのなさがみられた。

②　S-M社会生活能力検査

　Aが３歳児（CA3：10）の時に保護者に実施したS-M社会生活能力検査の結果は、SA2：10、SQ74であった。下位項目については、身辺自立3：01、移動3：04、作業3：05、コミュニケーション2：04、集団参加2：06、自己統制2：01であった。生活能力よりも社会参加をする上での項目が低くなっていると考えられる。

③　感覚プロファイル

　Aが３歳児（CA3：10）の時に、保護者に実施した感覚プロファイルの結果からは、感覚探求と感覚回避の項目が非常に高いと算出された。これは、

表 4-2　A児のプロフィール

	A児	
	CA	3：10
田中ビネー知能検査	MA	2：07
	IQ	67
社会生活能力検査	SA	2：10
	SQ	74
	身辺自立	3：01
	移動	3：04
	作業	3：05
	コミュニケーション	2：04
	集団参加	2：06
	自己統制	2：01
感覚プロファイル	低登録	平均的
	感覚探求	非常に高い
	感覚過敏	平均的
	感覚回避	非常に高い

能動的に特定の強い刺激を求めたり、避けたりすることが考えられる。

④　総合的なアセスメントの結果

　以上 3 つの検査結果から、特に社会性の低さと行動のコントロールの困難さが著しく、生活面、対人関係面に関する支援ニーズが高いことが推測された。

　知的発達は軽度域であり、聴覚からの情報処理や作業処理が苦手なことから、活動面では、幼稚園生活における一斉指示の理解や集団活動についていくことに困難さがあると思われる。対人関係面では、行動コントロールの困難さや社会性の低さから、対人関係におけるルールを理解するのが難しかったり、自分の気持ちを上手く言葉にできずに問題行動を起こしたりする場面があると考えられる。社会・情緒面では、自分の好きなことや関心のあることには意欲的に取り組むが、苦手なことややりたくないことは拒否したり、指示に従わずに自分のやりたいようにふるまったりする姿があり、興味関心

や得意不得意によって活動への参加姿勢が変化する傾向や、自己中心性もみられた。

(9)-2　Aの保護者について

　Aの保護者は、Aが何かトラブルを起こすと、Aを強く叱る傾向にあった。また、幼稚園でトラブルばかり起こすAが幼稚園生活で充実感を得られているか不安に感じていた。

(9)-3　Aの幼稚園の先生について

　幼稚園の先生は、Aの言動の理解やAとまわりの子どもたちとのトラブルの対応に困り感をもっており、対応策を試みるものの、何度言い聞かせても同じようなトラブルや問題行動を起こすAに対し、どう対応すればよいか悩んでいた。

(9)-4　Aの幼稚園のまわりの子どもたちについて

　まわりの子どもたちは、Aを理解している子が多く、必要に応じて声をかけ、手助けしようとする姿勢がある。しかし、Aの問題行動によりまわりの子どもたちからからかわれることでよりトラブルに発展することも多かった。

⑽　心理教育的アセスメントに基づく教育援助の方針と計画

　療育センターのグループ指導では、子どもに対する療育と保護者支援、幼稚園との連携から支援していくことを目的としている。

①　子どもに対する療育

　子どもに対する療育では、Aの特性に合わせた支援を行った。最初の頃のAのグループ指導中の様子は、幼稚園の様子と変わらず、興味ある活動には参加するが、基本的にマイペースに行動していることが多かった。活動や遊びからの切り替えは難しく、次の活動に促そうとすると癇癪となってしまう様子もみられた。まずは一日の活動の見通しがわかるよう、スケジュール表を作成した。スケジュール表は、Aの視覚優位であるという特性から、写真で活動がわかるようにした。他に掲示物があると注意が逸れてしまうため、スケジュール表以外の掲示物は貼らず、スケジュール表に注目しやすいよう

工夫した。スケジュール表があることで、次の活動への見通しもつことができ、切り替えにもスムーズに応じることが可能となった。遊びからの切り替えで困難なときは、タイマーを使用することで折り合えるようになった。また、制作活動等はモデル提示や手順書を活用した。何を作るのか、出来上がりまでの手順を視覚的に見せて伝えることで、Aのイマジネーションの乏しさを補うこととした。活動を理解して取り組むことで、意欲的に参加することが可能となり、達成感を得ることができていた。活動中、Aは姿勢の崩れやすさがあり、座面に滑り止めを設置することで姿勢を安定して保つことが可能になった。また、机上課題の合間に遊戯室でトランポリンを跳ぶ等、Aの感覚を満たす活動を取り入れることで机上課題への集中が高まった。まわりの子どもたちとの関わりについては、Aが遊んでいるときに他児が近づくと押したり、他児が使っているものを奪ってしまったりといった姿がみられた。Aに悪気はなく、Aの意図理解の弱さやイマジネーションの乏しさから、他児が使っているという状況がわからないことがあると考えられた。子どもそれぞれのマークが付いた箱に今使っているおもちゃを入れて遊ぶ形にしたところ、トラブルは減り、落ち着いて遊ぶことが可能となった。まわりの子どもたちとの関わりでAに嫌なことがあったときには手で押してしまうことが多かった。しかし、職員が「やめてだね」とAに聞かせることで少しずつ、行動で示すのでなく「やめて」と言えるようになっていった。グループ指導中は、落ち着いて活動に参加し、他児とのトラブルも減ってきていたが、幼稚園や家庭では問題行動が目立ち保護者や幼稚園の先生の困り感は中々減らなかった。そこで、保護者支援を通して、家庭や幼稚園での対応を考えていくこととした。

②　保護者支援

　保護者支援としては、グループ指導への参加と保護者面談を通して支援を行った。グループ指導中は、保護者にAの対応方法を学んでもらうだけでなく、自閉症スペクトラムの特性からAの行動の理由を解説していった。自閉

症スペクトラムの特性の理解を深めていくとともに、Aの行動がなぜ起こってしまうのかということについて、考えていくこととした。保護者はAの行動の理由がわからなかったときは強く叱ってしまう姿が多くみられたが、対応を学んでいくことで、Aに合わせて関わることができるようになっていた。しかし、行動の理由にまでは注目しにくい様子がみられた。ひとつひとつの活動を通して、Aがなぜそのような行動をしてしまったのかについて解説を行うことで、少しずつAの行動の理由に目を向けられるようになった。また、日々の家庭での様子について連絡帳でのやりとりを行い、家庭でのAの行動についても解説を行いつつ、一緒に考えていけるよう支援を行った。保護者は、Aの行動の理由がわかることで、家庭でのAの対応についても考えて対応することができるようになっていった。保護者との面談では、家庭でのAの対応だけでなく、幼稚園の先生にAの対応方法や関わり方について、伝えていただくようお願いをした。保護者は幼稚園の先生と良好な関係を築くことができているが、Aの対応について相談をしていくということは難しく、療育センターでのグループ指導や家庭での対応の仕方や関わり方と同じことをお願いし、求めてしまうことが多かった。幼稚園ではまわりの子どもたちがたくさんいることや、環境の制約もあり、保護者からの要望に応えることが難しいようであった。保護者は、幼稚園にお願いをしても、「できない」と言われてしまうことに困っており、療育センターでの保護者面談では、幼稚園が対応に中々応じてくれないといったことが主訴として上がることが多かった。幼稚園で対応することが困難なこともあり、幼稚園でのAの問題行動は収まらず、グループ指導中と家庭では安定して生活ができているものの、幼稚園に行くと変わらず問題行動を起こしてしまっているとのことであった。保護者と幼稚園の先生の双方から、療育センターの職員と幼稚園の先生とのケースカンファレンスを行って欲しいとの希望が上がった。そこで、Aの幼稚園での様子を確認するとともに、幼稚園の先生とのケースカンファレンスを実施することとした。

③　外部機関との連携

　幼稚園との連携については、Aの幼稚園での様子の確認とケースカンファ
レンスを行うことを目的として行った。Aの幼稚園での様子は、マイペース
に自由に行動していることが多く、Aの興味があれば集団活動に参加するこ
とができている状況であった。まわりの子どもたちとのトラブルも絶えず、
おもちゃの貸し借り等は行うことが難しい様子がみられた。遊びや活動から
の切り替えも難しく、集団から外れて行動しているようであった。幼稚園の
先生からは、幼稚園の中でできるAに対する対応の仕方や関わり方について
知りたいとのお話があった。幼稚園でのAの様子から、イマジネーションの
乏しさから見通しが持てず、見通しが持てないことへ不安があることをお伝
えした。活動への参加についても、Aが見通しを持てるようモデルやお手本
があるとわかりやすいのではないかとお伝えした。具体的な方法としては、
1日のスケジュールがわかるよう簡単なスケジュール表を用意してもらうこ
とや、制作等の活動では、先に先生が最後までお手本を見せるような説明の
仕方を提案した。まわりの子どもたちとの関わり方については、遊んでいる
ときにその場の状況を理解することは難しいためトラブルになりやすく、誰
がそのおもちゃを使っているかの解説の必要性をお伝えした。Aが使ってい
るおもちゃについては、箱を用意し、使っているものはそれに入れてまわり
の子どもたちにも目で見てわかりやすいよう、工夫してみてはどうかと提案
した。幼稚園の先生からは、スケジュール表やお手本で制作のモデル提示を
することについては、幼稚園でもできそうとのことで、対応をしていただけ
ることとなった。幼稚園では、Aからまわりの子どもたちへの関わりが少な
いとのことで、療育センターでのグループ指導の様子を見てみたいとのこと
だった。保護者の了承のもと、幼稚園の先生に療育センターでのグループ指
導の様子を参観してもらうこととした。参観後にカンファレンスも行い、幼
稚園と療育センターとの違いや対応の仕方や関わり方について見て学んでい
ただくこととなった。療育センターでのAの様子をみた幼稚園の先生からは、

スケジュールやお手本があることで、Aが安定して活動に取り組むことができている様子や、まわりの子どもたちとトラブルなく過ごしている様子をみて、環境調整によって、ここまでAの状態が異なることに驚いておられた。実際にグループ指導の様子を参観することができ、幼稚園でどのような対応をしたら良いか、関わったら良いかのイメージが湧いたとのことで、環境調整や対応方法を前向きに考えていただくことが可能となった。幼稚園での環境設定を行うことにより、児の問題行動は減り、落ち着いた園生活を過ごすことができるようになったとのことだった。

⑾　スーパーバイザーからの助言

　保護者支援や幼稚園の先生とのケースカンファレンスを行うにあたり、スーパーバイザーからスーパーバイズを受けた。スーパーバイザーからは、Aのアセスメントについて、専門職ではない人にわかりやすく伝える方法や環境の違いによってできることに制約がある難しさをどう乗り越えるかについての助言があった。保護者支援については、Aの自閉症スペクトラムからくる特性の理解を深めるとともに、対応や関わり方について、療育センターの職員から一方的に伝えるのではなく、保護者と一緒に考えていくことで、さらに保護者の理解が深まるとのことであった。保護者が自発的に考え、学んでいくことでより一層、Aの特性理解を深め、対応や関わり方について保護者が主体的に行動していけるようになると助言をいただいた。保護者が主体的に考え、行動していけるよう支援していくために、スーパーバイザーから助言をもらいながら、自閉症スペクトラムの特性についての講座や子どもの行動の理由について考えられるようなプログラムを実施した。幼稚園の先生と連携については、ケースカンファレンスを行う前に、伝え方についての助言をいただいた。

⑿　本ケースにおける教育実践についての学校心理学の観点からの考察

　本ケースを通して、子どものアセスメントや保護者、外部の関係機関との連携の重要性について学ぶことができた。

　子どものアセスメントについては、グループ指導やAの特性に基づいた対応方法を考えていく上で重要であった。心理検査や保護者からの聞き取りを行うことで、Aの特性を知り対応を考えることが可能であった。一概に自閉症スペクトラムといっても、表れている特徴はひとりひとり異なっている。Aの得意なところと苦手なところを理解して関わることで、苦手なところを引き上げていくのではなく、得意なところを使って苦手なところを補っていくという対応の仕方や関わり方を実施することが可能となった。Aの支援を継続的に行っていく上で、心理検査や行動観察、聞き取りといった情報からアセスメントを行うことは必要不可欠であると考えられる。また、初回のアセスメントだけでなく、継続的な支援を通してアセスメントを行うことにより、今Aが困っていることについて焦点を当てて支援していくことができたと推察される。

　保護者支援については、保護者がAの特性の理解を深めることに重点を置いた。実際のAの行動を自閉症スペクトラムの特徴から解説されることで、わがままに行動しているのではなく、Aにも理由があるということを理解していくことが可能となった。アセスメントの時点で、Aの特徴だけを聞くとピンときにくいことであっても、Aの実際の行動と結びつけることで特徴の理解が深まったのではないだろうか。本ケースを通して、保護者が子どもの対応を学び、関わり方を変えていくことの支援は可能であったが、Aに関わる人に対して、Aの特徴や対応の仕方、関わり方について保護者が伝えていくことについては課題が残る結果となった。保護者から幼稚園の先生にAの特徴や対応の仕方、関わり方について伝えることは難しいようであった。保護者から幼稚園の先生に伝える際には、グループ指導と同じ環境設定や対応をお願いしてしまい、幼稚園内での環境の制約もあり難しいようであった。ケースカンファレンスという形で幼稚園の先生との連携を行った際には、グループ指導でのノウハウを幼稚園で応用してもらうような形であれば対応が可能であり、幼稚園への伝え方が重要であると感じた。保護者への支援を行

う際には、対応方法だけでなく、なぜその対応をするのかといった理由を伝えていく必要があると考えられる。環境に合った対応をしてもえるよう、幼稚園等との相談関係を築いていけるよう保護者支援をしていくことが大事であると感じた。

外部機関との連携について、療育センターの環境とは異なる状況下でAに合った対応を提案することの限界を感じた。ケースカンファレンスといった紙面上の情報だけでは、伝えられることに限界があり、実際に、幼稚園の先生に療育センターでのグループ指導を見てもらうことで、幼稚園の中で何なら取り入れられるのか、ということを考えていただけることができた。なぜそのような支援を行っているのかの理由も伝えることで、幼稚園という環境の中で、どのように工夫したら良いか考えやすいように感じられた。グループ指導の様子を幼稚園の先生に参観してもらえたことで、療育センターと幼稚園で一貫した対応や関わり方が可能となったと考えられる。

本ケースを通して、子どものアセスメントだけでなく、保護者や外部機関との連携の重要性を改めて学ぶことができた。環境によって可能な対応は変わってくるが、子どもにとって一貫した対応や関わり方ができるよう、支援者の考え方を擦り合わせていくことが大事であると考えられる。

■解説

本ケースレポートは、幼稚園と療育センター（児童発達支援センターの通所訓練事業）に並行通園している4歳児（A児）を対象に、療育センターのグループ指導における個別支援、保護者への助言や援助、幼稚園との連携やコンサルテーションを行った実践をまとめたものである。

A児が抱える問題状況について、発達検査や知能検査などのテストバッテリーを組んで総合的に把握しており、A児がなぜその行動をとるのか、A児への援助方針をどのように設定したのか、保護者や幼稚園への説明においてもとても役立っている。主な手立てとして、環境調整やSST（ソーシャルス

キルトレーニング）による関わりを幼稚園と療育センターで一貫して行っている点があげられる。また、幼稚園へのコンサルテーションでは、療育センターでの指導や援助の実際を見学してもらった上で協議し行っており、とても丁寧な情報交換と各機関の支援の意図や実際について共有し共通理解をはかっている実践である。対象児について、発達・知能検査による量的な把握、行動観察等による質的な把握が、各機関の援助者間の情報共有に厚みをもたせ、考えを擦り合わせることにも繋がっている。本実践は、心理教育的アセスメントの必要性、外部機関との連携の重要性を示している。

■key word

(1)　療育

　障害のある子どもの発達を促し、自立して生活できるように援助すること。特に、医療と保育・教育をバランスを保ちながら並行してすすめることとされている。

(2)　心理検査バッテリー

　単独の心理検査のみでは不足する情報を補うために、複数の検査を組み合わせて実施すること。

(3)　相互コンサルテーション

　異なった専門性や役割をもつ者同士がそれぞれの専門性や役割に基づき、援助の対象である子どもの状況について検討し、今後の援助方針について話し合う作戦会議のこと。

（杉浦采夏・橋本創一）

4．通常学級等における学習や進路に関する指導・援助（キャリア支援）

(1)　テーマ

　③通常学級等での学習や進路に関する指導・援助（キャリア教育）

(2) **表題**

「職場体験学習を活用した支援」

(3) **報告者氏名**

○○○○

(4) **報告者の立場**

学年主任

(5) **教育援助の対象者**

B（13歳、中学2年女子）を含む学級（生徒28名）

(6) **教育援助を行った機関、施設、場所**

C中学校教室並びにD大学研究室

(7) **期間**

20XX年4月1日から20XX＋1年3月31日まで

(8) **教育援助開始時における対象者の問題の概要**

Bは1年生の段階で友人関係の大きな変化等もあり、学習意欲を失い、将来展望も持てなかった。この状況で新たな友人関係も得られず孤立していた。2年への進級に際してはクラス替えも行われたが、多少環境を変えた程度では状況が改善することはなかった。学校生活においては、ただそこに「いる」というだけの存在となっており自尊感情や自己肯定感のかなりの低さが推測された。

学級集団も編成替えしたばかりで、十分な生活集団としては機能していない状態であり、Bを受け入れられるような集団にはなっていない。また、2年から3年への進級にあたっては、クラス替えはないので、3年生での進路選択に備えた活動が十分にできる機能的な集団づくりが急務となっていた。

(9) **教育援助開始時における、対象者、学校、学級、そして家族の環境などについての心理教育的アセスメントの焦点、方法と結果**

Bについては、小学校5、6年時の学級担任、中学1年時の学級担任、現在の学級担任、養護教諭、スクールカウンセラー（以後SC）、保護者、1年

時のクラスメイトからの聞き取りとBの日常観察並びに校内資料としての個人調書、指導要録等の精査を行った。

　また、学級については、編成したばかりの段階なので詳しい資料は整っていないが、前年度の学年会議の記録から新学級の編成方針や生徒間並びに生徒と教員間の関係性等の確認、さらに1年時に全員面接を実施したSCからの報告を活用した。

＜Bについて＞

　聞き取りにあたっては、Bが何に対しても意欲を持てない点並びに周囲に対する不信感と自己肯定感の低さにかかわる点を中心に話を聞いた。

　Bは1年の5月ごろから、小学校時代に仲の良かった友人Eがバレーボール部に入部した関係で生活リズム（登下校の時間や休日の過ごし方など）が合わなくなり、急激に疎遠になったことから、一人で過ごすことが多くなった。もともと勉強や運動は苦手で動作は緩慢であったが、転校前の小学校では友人関係も良好で学校生活を楽しめていたということだった。4年生の3学期に家庭の事情で転校したが、転校先の小学校でいじめにあった。その時に庇ってくれたのがEであった。

　Eと疎遠になったことをB自身は、「見捨てられた」とか「裏切られた」という感覚で捉えており、成長していく過程での選択の問題、大きく捉えれば進路やキャリアにかかわる問題として、B自身やEの成長につなげて考えるということはできなかったと言える。

＜学級について＞

　翻って見れば前述の問題は、E自身も自らの選択を進路やキャリアの問題にかかわることという視点から見ることは出来ていないということである。中学1年生の段階であれば当然のことであろう。だからこそ、今まで良好だったBとの関係が上手くいかなくなったことを、成長の過程の中で前向きにとらえていくことができず、いつまでも纏わりついてくる鬱陶しい子と捉えてしまっても致し方ない面もあったであろうし、切り捨ててしまったという

ような負い目を感じ傷ついてもいたであろう。

　つまり、この問題は単にBとEの個人間の問題というだけではなく、進路選択の過程において、多くの生徒が大なり小なり抱えている問題であり、学級全体の問題でもあり得るという視点を持った対応が重要と判断された。

⑽　心理教育的アセスメントに基づく教育援助開始時の教育援助の方針と計画

＜教育援助の体制＞

　報告者が学年主任という立場であることも考慮して、基本的に2学年会議の場を必要に応じてSCなど関係者にも入ってもらうことで支援会議（コーディネーション委員会）の場とした。さらに、Bに対してはSCが、学級全体に関しては担任が支援の主体となって活動し、保護者対応と全体のコーディネートを学年主任が行うという体制を整えた。

　また、報告者が初めての学年主任ということもあり、学校心理士の資格を持つ校長によるスーパーバイズを受けながらB及び学級への支援を行うこととした。実際には、アセスメントの段階ですでにスーパーバイズも行われており、キャリア教育の視点を加味して個人と学級集団の両者に焦点を当てて行くことの示唆を得ていた。

＜教育援助の方針＞

　B及びその所属学級への援助としては、職場体験とその事前事後指導並びにフォローアップを中心に、キャリア教育の視点を加味したうえ実施していくことを関係者間で確認合意した。

　Bにはキャリア発達を重視するキャリア教育の中で基礎的・汎用的能力と言われるもののうち特に「人間関係形成」「自己理解」を中心に、学級に対しては「課題解決能力」の育成を中心に支援することを確認した。またそれらを両者ともに「キャリアプランニング能力」の育成の中で支援していくこととし、その中心に職場体験学習を据えた。

　この時点で、当該年度の職場体験については、例年どおり実施するという

ことだけに重点を置くのではなく、「キャリアプランニング能力」の育成という点を明確にし、そこに重点を置いて実施することも確認した。

　さらに従来、図書館を職場体験先として協力を得ていたD大学に相談し、研究室訪問と事前事後指導に協力を得るプログラムを試みることになり、行事名も職業体験学習と改めキャリア教育を十分に意識するものに変えた。

＜教育援助の計画＞

・4月　　→　　従来の職場体験に、情報系のD大学の研究室訪問と事前事後指導を加味してリニューアル。

・4月下旬　→　SCによるBとの面接開始（週1回程度実施予定）。

・5月下旬　→　D大学からの外部講師と学年職員によるキャリアプランニングを中心にした事前学習の実施。

・6月上旬　→　3日間のD大学研究室訪問を含む市内協力事業所での職業体験の実施。

・7月上旬から　→　D大学からの講師と学年職員による事後学習の実施。

・9月から　→　フォローアップの開始。

・11月下旬　→　体験活動発表会での発表。

　職業体験とその事前事後学習を、キャリア教育を通して学級構成員相互が将来を考えながら協力的に活動できる集団づくりの場として活用し、同時にBが進路（将来）を考える中で自分自身と向き合う場とする計画である。Bに対しては全体指導の他に、その振り返りと自分自身と向き合う自己理解を促進する場として、SCとの個別面接を設定する。また、体験先事業所決定の調整を行う際にはD大学研究室訪問のメンバーとして、一つの職場だけではなく、研究室訪問を通して様々な職業の在り様や、急激な技術革新による職業そのものの変化を感じられるように配慮することとした。

⑾　**教育援助の経過の概要**

＜4月〜5月＞【グループワークと面接の開始】

　新学級では級友からBへの働きかけはほとんどなく、あったとしても本人

84

が非常に拒否的で、周囲に対する不信感には大きなものがあるように見えた。

　４月のいわゆる学級開きの時期に、『担任を探そう！』（報告者自作）という課題解決型のグループワーク学習を実施した。これは、６月の職場体験学習に向けて、全員にとって風通しの良い学級づくりの第一歩だった。Bについては、普段の拒否的な態度からすると、このようなグループワークにも拒絶的な態度を示すかと思われたが、積極的な参加ではないにしろ、必要最低限の参加（自分の持つ情報をグループに提供する）は果たしている姿が見られたとの報告が担任から支援委員会に伝えられた。

　Bは個人的関わりの中では、周囲に対して拒否的な態度を示すが、フォーマルな与えられた場の中では、人と関わることを拒まないのではないか、あるいはむしろ望んでいるのではないかということが推測された。これはBの抱える矛盾であり葛藤であるととらえられる。その解消のためにも、今後も同様のグループワークを実施し学級全体を「たがやす」（大野）支援とB個人への支援を並行して進めることを確認した。

　担任は、学級内における現在の人間関係を無理に改善していこうとする方向ではなく、支援会議での申し合わせのとおり、キャリア教育を通じて、全員が将来のことやそのための現在の過ごし方、引いては自己理解を深めるという作業の中で、ゆっくりと改善を図っていく方向性を持って取り組んでいくことも改めて確認した。

　BとSCとの面接については、１年時のいじめの事後対応という意味もあった。B自身は積極的ではなかったが、拒否はしなかったので週一回程度継続実施していくことにし、４月の終わりに初回面接が実施された。その結果からBの抱える葛藤の解消とそれをキャリア教育と連動しながら進めて、Bの行動変容を来すという目標から、動機づけ面接が最適との提案がSCからなされ、その方向で面接は進められることとなった。

＜６月〜７月＞【職業体験学習】

　６月の初めに事前学習を実施し、その後、３日間にわたって、職業体験学

習が実施された。今回は通常の事業所と並んで、D大学の協力で大学の研究室訪問も実施された。Bはそのグループ7名の中の一人として参加した。

　事前学習としては、職場でのマナーを学ぶ講座（コミュニケーションの基本についての体験学習を含む）と「10年後の社会と職業」の講演を実施した。その中で情報が社会を変えて新しい職業を作りだしているという現実の中で、10年後に無くなっているかもしれない職業や、新たに創出される職業などについて考えることと自らの将来像を重ね合わせる作業を行った。

　この作業の過程で、自分が将来就きたいと思っていた仕事がなくなるかもしれないという話を聞いた生徒の中には少なからず動揺があった。現在の段階で具体的な職業をある程度イメージしている生徒にとっては、それを否定された感じになったのであろう。しかし、それこそが自分と向き合うことにつながる。これらの生徒はその思いを抱いて体験学習に臨んだ。また、体験先には、無くなるかもしれない職業に分類されているものもあった。各自、自分の行った職場が、今後どのように変化していくのかを考える体験となった。

　研究室訪問を行ったグループでは、「プログラミングという仕事」「映像という仕事」「アニメーションという仕事」「マーケティングと新商品開発」「AIエンジニアという仕事」「遠隔看護という仕事」など多方面から、ディスカッションや企画会議など多くの演習を行いながら社会と職業について考えた。

　その中でBは特に映像やアニメーションに興味を示していた。また、アイスの新商品を開発するという企画会議では、年度始めとは違い、参加した大学生やグループメンバーとも積極的にかかわる姿が見られた。

　また7月には、自分の将来像と中学での学びを結び付け、「なぜ？　何を学ぶのか」をテーマに「学びのデザイン」（報告者自作）というグループワークを事後指導として行った。報告者と担任が講師となりT. T.の形でファシリテートし、最終的に各自が今後の目標を立て、宣言の形にまとめた。たと

え、当たり前の内容であったとしても、自分自身で時間をかけて紡ぎだしたということが重要である。ちなみにBの宣言文は、「自分が何をしたいのか考えるのにいろんなことをやってみる」だった。明らかに年度当初の拒否的な姿勢とは違い、これまでの成果が垣間見えるような積極的な宣言文であった。

＜夏休み＞【往復はがき暑中見舞い】

　夏休みは本人と学校の関わりは薄くなるが、報告者からは夏休み中旬に保護者に対して往復はがきによる暑中見舞いを送った。これは夏休みの様子を保護者と学校が共有するためのものである。Bの母親からは、好きなマンガやアニメを見て過ごすBの様子が伝えられた。職業体験の時に作ってきたパラパラ漫画を見ている様子や新たに自分でパラパラ漫画を作っている様子も書かれており、少なからずBに職業体験の影響があったことを窺わせた。

　また、D大学の夏休みのオープンキャンパスについては、研究室訪問の様子が多少なりとも伝わるので全員に紹介し、高校生向けではあったが参加を勧めた。Bは不参加であったが、12名ほどの参加があったとの連絡があった。

＜9月～10月＞【フォローアップ】

　9月と10月には、月一回1時間ではあったが、フォローアップの時間を設けた。各自が自分の宣言を忘れないように思い出し意識するためである。このころになると、フォローアップの時間に積極的に宣言文の内容をバージョンアップする生徒も現れてきた。

　10月には大学の文化祭があり、これも2年生全員に紹介した。大学からの連絡で、30名ほどの生徒が参加したことが分かった。大学という具体的な例を参考に将来について考えていくようになってきた生徒の様子が窺える。

　Bについては本人が希望したので、仕事が休みだった父親も交えて3人で出かけたという。映像・音響関係に興味を示し、画像への音声の吹き替えに興味を持ったようである。SCにも楽しかったと話したという。

＜11月～12月＞【体験活動発表会】

　11月の終わりに体験活動発表会が開かれた。これには、職業体験からは、3グループがパワーポイントの資料を作成して8分間の発表時間で全校生徒に振り返りの発表を行った。Bを含むD大学の研究室訪問のグループも3グループのうちの一つとして発表した。

　発表は、グループ全員で役割分担をして8分間行うことになっていた。もちろんBも自分の役割を持った。Bは発表のまとめの部分を担当した。Bはこの発表を「仕事の中には、この先無くなってしまうかも知れないものもあるので、多くの種をまいておきたいと思います。」とまとめた。これだけ聞くと意味がよく分からないが、これは職業体験の際に、大学でのオリエンテーションで聞いた J.D. クランボルツの将来に良い偶然を生み出すために、事前に多くの種をまいておくという「プランド・ハプンスタンス理論」を自分なりにまとめたものだと理解できた。多少言葉足らずではあったが、大きな声でしっかりとそしてグループメンバーと準備段階から協力して発表出来た。

　娘の発表があるというのでこっそりと見に来ていた母親は、この発表会の様子が、転校前の小学校の最後の音楽発表会で、学年主任の先生が与えてくれた役割、学年発表の最初に「出発進行！」と大きな声でみんなを代表してスタートの合図を出した時の姿と重なったという。何事も上手くできない子ではあるが、その学校で先生や友だちに受け入れられているということに大きな喜びを感じた瞬間だったと語り、その時と同じ印象を持ったという。

＜3学期＞

　3月の年度内最後のフォローアップでは、春休みの過ごし方についてグループで話し合った。話し合いの過程では、積極的に多くの建設的意見が出され、学級集団の成長した姿が見て取れ、Bもその中に自然に溶け込んでいた。

　SCからは、Bは特定の友だちと一緒に面接に来たり、その友達が迎えに来ることもあり、少しずつではあるが人を受け入れるようになっている姿が見られる。また、将来についても声優など特定の職業や進学したい高校など

も口にするようになってきたとの報告がなされていた。

　支援会議では、この年度末の段階でBへの個別支援はいったん終了し、全体支援の中に統合する方針を決めた。

⑿　**本ケースにおける教育実践についての学校心理学の観点からの考察**

　本ケースは、Bを含む学級の生徒全員に対する学校心理学で言うところの一次的援助サービスを展開する中で、Bへの個別支援である三次的援助サービスをも並行して行い、全体のコーディネートは学年主任を中心とする支援会議が行うという構造で取り組んだものである。

　その援助の中心にはキャリア教育を置き、いわゆる基礎的・汎用的能力なかでもキャリアプランニング能力の育成に焦点を当てて、支援活動を展開したといえる。キャリア教育を援助サービスの中心に持ってきたのは、『生徒指導提要』に代表される教育相談を含む生徒指導の目指すものとされる自己指導能力の育成と、いわゆるキャリア教育の目指す基礎的・汎用的能力の育成は重なる部分が大きく、個別支援である三次的援助サービスと全体支援である一次的援助サービスを統合的・融合的に実施し、Bとその学級を支援するにはキャリア支援が最適と判断されたからである。

　具体的には、職場体験学習をその事前事後指導も含めて、学級学年全体に対する一次的援助サービスの中心として位置付けて実施した。また、内容的には従来の単にどこかの職場を体験し、勤労の重要性を交換し合う程度の形骸化してしまった活動で終わらせることはしなかった。本来のキャリア形成の一環となるように事前事後学習とフォローアップを、大学と連携しながら十分に行い、内容の充実も図り職業体験学習としてリニューアルしたことで、キャリア教育を学校心理学の枠組みの中で活用したケースと言える。

⒀　**教育援助の自己評価**（**自己点検**）

　本ケースについては「各自の進路を展望する」をテーマに一次的援助サービスを展開、B自身のキャリアプランニング能力の育成を図ると同時に学級全体に対して将来のことを考える中で、現在の生活や友人関係を見直すとい

う支援を実施した。その中で、学級の成員全員が将来を視野に入れながら現在の生活を振り返るという視点を程度の差こそあれ獲得でき、学級全体が様々な違いを受け入れられる雰囲気を醸し出す風土に醸成されたと考えている。これは、大野の言う「たがやす」というかかわりが根付いた結果と思われる。それは学級担任や教科担任の多くから「授業などでの学級内のコミュニケーションが質・量ともに増えた」という観察結果の報告からも窺える。

　またB個人に対しては、SCとの定期的な面接で、自身と保護者の関係やEとの関係を丁寧に振り返るという作業を通して、B自身も未成熟ながらも自分の夢や将来像を描くことができ、周囲に対する不信感も従前ほどではなくなっていった。さらに、一連の支援とSCとの面接を経る中で、自分の思いを言葉にして伝えられるようになっていった。これは、たがやされた学級風土、安心安全な環境の中で一層助長されたと考えられる。

　Bは具体的には将来に対して、カウンセラーとか声優、動物飼育員等に興味を示した。これらの将来像は、より現実的な選択を迫られる場面に至れば、保護者との間に軋轢を生むであろうことは想像に難くない。

　しかしながら、Bに対する個別支援は、この時点でいったん終結とした。それは、さらなる葛藤に対して、本人がどのように挑むか、そして必要があれば、誰にどのように支援を求めるか、その足掛かりは作られたと考えられるからである。必要に応じてそれを使えることが次に重要だと考える。もちろん一次的援助サービスとしての学級全体へのキャリア教育は今後も継続されるので、その中でBを含む個人の個別支援の求め方の問題は、今後の課題として残されている。

　Bに関しては、アセスメントの段階で関係者からの聞き取りを行ったが、その際、発達上の問題を示唆する内容もあったが、日々の観察結果からは日常生活において特に支障が認められる程度ではなかったという判断から、支援会議においては今回の支援内容には加味しなかった。しかし、それが適切であったかどうかの検討は今後必要である。

■解説

　学校心理士の受験にあたって提出されるケースレポートは、個人やグループへの援助という形のものが圧倒的に多いと思われる。その理由は、ケースレポートの領域分けや書き方についての説明も、特定の個人やグループを前提としたもののように見えるからだと思われる。その中で、学級における指導・援助でケースレポートを仕上げることは、難しいと感じる方が多いのであろう。なぜなら通常の学校教育の範疇とどのように区別して書き上げたらよいか分からないと思えてしまうからである。それゆえケースレポートとしてはあまり選択されない領域になるのではないだろうか。

　ただ、学校心理士の行う援助サービスには、アセスメント、コンサルテーション、カウンセリングがあり、それらの要素が含まれていれば、気にすることはない。と言いつつも本レポートも個人と学級の両方を視野に入れた中途半端なものになってしまっている。前述のような気持ちが払拭できていないからであろう。

　しかしながら、教員として学校心理士を目指すにあたっては、今後、この領域のケースレポートが増えることを期待したい。

■key word

(1)　基礎的・汎用的能力

　キャリア教育を推進するにあたって必要とされる「人間関係形成・社会形成能力」「自己理解・自己管理能力」「課題対応能力」「キャリアプランニング能力」の4つの能力。

(2)　キャリアプランニング能力

　多様な生き方に関する情報を適切に選択活用でき、主体的な判断のもとにキャリアを形成する力。

(3)　職場体験学習

　生徒が事業所などの職場で働くことを通じて、職業や仕事の実際について

体験したり、働く人々と接したりする学習活動（文部科学省中学校職場体験ガイドより）。

（田邊昭雄）

5．障害のある子どもに関するアセスメント・指導計画の作成や指導・援助

⑴ テーマ

　④障害のある子どもに関するアセスメントと「個別の指導計画」等の作成およびその実践

⑵ 表題

　自閉スペクトラム症のある児童の感情コントロール、援助要求、宿題遂行への援助

⑶ 報告者氏名

　○○○○

⑷ 報告者の立場

　通級指導教室の担当者（以下、担当者）、小学校教諭

⑸ 教育援助の対象者

　A児。通常の学級1年に在籍する男児。3歳0か月の時、地域の医療機関で自閉スペクトラム症（以下、ASD）の診断を受けていた。父、母、A児、妹（2歳）、祖母の5人家族であった。

⑹ 教育援助を行った機関、施設、場所

　B小学校の通級指導教室、通常学級の教室、家庭

⑺ 期間

2018年8月6日～2019年3月18日

⑻ 教育援助開始時における対象者の問題の概要

　2018年9月より、週1回・50分のペースで自校・通級指導教室（以下、教室）を利用する予定であった。8月の夏休み中に、教室で初回面接を行った。

母親の主訴は、①自分の要求が通らない時や勝負に負けた時に母親や仲間に暴言や他害をする、②宿題を全くやろうとしない、③興味のない活動を激しく拒否する、④困った時に援助を求めないであった。①と③の暴言や他害は、通常学級の学級担任（以下、担任）への聞き取りからも確認された。②の宿題の未遂行は、毎日のように「絶対にやらない」と母親を困らせていた。

⑼ **教育援助開始時における、対象者、学校、学級そして家族の環境などについての心理教育的アセスメントの焦点、方法と結果**

　母親への聞き取りによる生育歴について、定頸3か月、つかまり立ち11か月、初歩1歳2か月で、身体発育や運動発達は順調であったが、名前を呼んでも振り返らず癇癪を起こすことが多かった。1歳6か月検診で保健師より発達の遅れを指摘された。コミュニケーションや社会性では、指差しが全くなく、初語は「ナイ」「オイシイ」で1歳8か月と遅く2語文は2歳半に見られた。その後、語彙数は急激に増加し発音も気にならなかったが、相手に伝える力が弱かった。外出時に家族と手をつなぐのを嫌がり、身体接触やスキンシップを嫌がった。一人で好きなミニカーで遊び、好きなビデオやYouTube の同じシーンを何度も視聴する癖があった。絵を描く、創作が苦手であった。父は会社員、母はパートタイムに従事し、二人とも子育てに前向きであった。母親は、A児の育ちや援助の要望について、「個性が強く主張を曲げないけれど、明るく素直な子です。気持ちをコントロールできたり友達と仲良く遊べるように育って欲しい」「宿題を見るのが大変。なんとかしたい」と述べた。一人で宿題は遂行できず、夕食後に母親と一緒にやるのが日課であった。毎日のように、「宿題をやりたくない」と激しく拒否していた。1時間半を超過することもあり、母親の疲労は大きかった。

　現在、公立小学校1年に在籍。本人、母親ともに担任との関係は良好で、1学期の登校は安定していた。担任への聞き取りから、学期末の面談では、母親から宿題をやろうとしないことの困り感が相談されていた。2学期よりプリント課題をA児が選択する、課題量を減らす等の工夫を検討していた。

通常学級での観察結果では、自分から仲間に挨拶できたが、一方的に話すことがほとんどであった。母親の主訴のとおり、遊び時間や体育の授業で、一番になれない、負けた時に大声を上げ癇癪を起こした。仲間に「おまえなんかあっち行け」「おまえがいるから負けた」「早くしろ」の暴言が見られた。行動を切り替え、次の課題に移行するまで 5 〜10分を要した。一方で、仲間には積極的にも関わり、「一緒に遊ぼう」「こっちにおいでよ」と遊びに誘うこともあった。平仮名50音や数字は全て読め、書けたが、促音や拗音の特殊音節を含む単語の読みと書きの間違えが認められた（小さい「つ」「やゆよ」）。算数や国語の難しい課題では、「これは何だ」「もう勉強やりたくない」と発言し、担任への「おしえて」の援助要求は一度もなかった。宿題の内容は、平仮名の書字、足し算のプリント、音読であった。書字では文字枠からのはみ出しもあり、「ぬ」と「ね」、「あ」と「お」の誤りも認められた。

　検査結果では、S-M 社会生活能力検査の結果（CA6：9）、SQ70、SA4：9、身辺自立 4：0、移動 8：1、作業 4：4、意思交換 4：4、集団参加 6：6、自己統制 3：1 であった。わがままを抑え自己の行動を責任を持って目的に方向づける自己統制の領域が低かった。ASD の診断を受けており、親面接式自閉スペクトラム症評定尺度 PARS-TR による確認でも、幼児期ピーク得点28、児童期現在得点19で、自閉スペクトラム症が強く示唆された。就学時における知能検査 WISC-Ⅳでは（CA5：9）、FSIQ：111（VCI：90、PRI：134、WMI：112、PSI：99）、全体的な知的水準は平均から平均の上であった。PRI 知覚推理指標は、「高いから非常に高い」の範囲で強みと考えられ、視覚情報をもとに考えたり理解したりすることは得意な傾向であった。VCI 言語理解指標は、「平均の下から平均」で、社会的・対人的なルールやマナー等の知識理解に弱い傾向が認められた。

　以上、母親への聞き取り、観察及び検査結果より、自分の要求が通らない時の暴言や他害は、ASD の障害特性である社会的コミュニケーションの欠陥やこだわり、行動や柔軟性のなさ、変化への対処困難が背景にあると考え

られた。幼少期の遊びは固定的で反復的なものが多く、WISC-Ⅳにある社会的・対人的なルールやマナー等の知識理解の弱さが関連していると考えられる。学習面では、特殊音節を含む単語の読みや書きの誤りが部分的に認められた。ASD に伴うコミュニケーションや社会性の困難とともに、読字や書字障害の症状が疑われた。特定の認知領域に顕著な落ち込みは見られないが、読み書きに必要な認知領域に部分的な弱さがあると推測された。読字や書字の困難は、家庭での宿題の未遂行に影響を与えていると考えられた。

⑽　**心理教育的アセスメントに基づく教育援助開始時の教育援助の方針と計画**

　心理教育的アセスメントの結果をまとめた時点で、今後の教育援助の方針や手だてについて、スーパーバイザー（学校心理士 SV 有資格の大学教員）からスーパービジョンを受け、以下の①～④の教育援助の方針や方法を立案し、個別の指導計画を作成した。指導計画を用いて、2018年 9 月、2 学期からの教育援助について母親に説明し同意を得た。スーパービジョンの内容、個人情報の守秘義務の遵守についても説明し同意を得た。

①自分の要求が通らない時や勝負に負けた時に、担当者や仲間に暴言を吐いたり他害したりせず、感情をコントロールする力を身につける。

②特殊音節を含む単語の正しい読字や書字ができるようになる。

③わからない・できない課題では、「教えて」と援助要求できるようになる。

④家庭での宿題を母親と一緒に短時間で遂行できるようになる。

　以上 4 つの方針に基づき、次のような援助の手だてを計画した。

⒜集団学習において、ゲーム課題を設定し、負けた時に感情をコントロールする経験を重ねる。めあて（負けても我慢する）の設定と自己評価、自己記録を行い、仲間への適切な援助行動を形成する。

⒝個別学習において、特殊音節を含む単語や絵とのマッチングや正しい読字や書字ができるためのプリント課題を行う。

⒞個別学習において、自発的な援助要求「おしえて」を形成する。

(d)宿題遂行の時間帯を夕食後から夕食前に変更し、課題量を半分にする。

⑾　教育援助の経過の概要

Ⅰ期（2018年 9 〜12月）

　教室での学習は週 1 回・約50分で計12回実施した。A児は個別学習と集団学習に参加した。いずれの学習でも、A児の困難やつまづきが改善されるような内容、手だてを的確に導入できるように、スーパービジョンを受けた。集団学習は、通常学級 1 〜 2 年に在籍する発達障害児童 5 名程度を対象に、ソーシャルスキルトレーニングや教科学習の向上をねらいとしていた。個別、集団学習ともに、担当者がメインとなり、補助教諭 1 〜 2 名が関わった。

①　集団学習：感情コントロールへの援助

　簡単なルールのもとに勝敗を含むゲームやじゃんけんを行い、偶発的にA児が負ける機会を設定した。ゲームは玉入れ等であった。A児は「俺もやってみたい、面白そう」と発言し動機は高かった。負けても我慢をする、暴言や他害をしないことを目標とした。我慢や切り替えができたら即時に称賛し、終了時にも再度称賛した。開始時にめあて「負けても我慢する」を口頭で確認した。終了時にA児が「今日は我慢できたかどうか」について、「とてもできた・できた・できなかった」の 3 段階で自己評価し、がんばりシートに自己記録した。シートをもとに、暴言や他害がなかった／少なかった日には「今日は（暴言等がなくて／少なくて）とても良い。先生は嬉しいです」と称賛した。援助の結果、最初はゲームやじゃんけんに負ける度に大声を上げ、担当者や仲間への暴言が生起し、担当者が身体を持ち押さえないと他害を止められなかった。一度起こると平均で約10分、長い日は20分続き、泣き出すこともあった。しかし、 7 回目（10月下旬）から徐々に暴言や他害、泣くことは減少するようになった。がんばりシートの「とてもできた」「できた」に○が付くことも増えた。ただし、暴言や他害のない日は一度もなかった。

②　個別学習：特殊音節の読字や書字、援助要求への援助

　「でんしゃ」「しょくぱん」のように、「やゆよ」「（小さい）つ」を含む絵と

単語カードのマッチングを形成した。また、「でんし○」「し○くぱん」等の単語と挿絵の付いた読字と書字プリント１〜２枚に取り組んだ。言語刺激は、A児にとって身近で好みの事物を使用した。プリント１枚あたりの問題数は３問として、すぐに完了できるようにした。漢字プリント１枚を行い、正解がわからないときには「おしえて」と援助要求するように、言語モデルのプロンプトにより援助した。援助の結果、マッチング正答率は回数を重ねるごとに上昇し、最初に取り組んだ10の言語刺激では５、６回目（10月初旬）に100％となった。７回目以降、正答率100％が３回続いたら新規の言語刺激と入れ替え、30のマッチングが形成された。読字と書字プリントでは、最初は「やりたくない。面倒くさい」の発言があり半分または１枚しか取り組めなかったが、終了期には１回の指導で読字３枚、書字１枚を遂行できるようになった。援助要求では、読めない漢字があると、最初は「こんなの読めない。習ってない（実際には学習済）」と発言したが、その度に担当者が「おしえてと言って」と言語モデルで促し、生起したらすぐに教える手続きを繰り返した。５回目（10月初旬）より、「なんていうんだっけ？」の間接指示のみで「おしえて」が言えるようになった。

③　家庭学習：宿題遂行への援助

　スーパーバイザーと協議し、宿題の時間帯を夕食後から夕食前に変更した。宿題が終わると好きな夕食に移行する手続きとした。担任と連携し、２学期（９〜12月）では課題量を半分にして、教室での提出時にはできる限り称賛することを確認した。援助の結果、援助前の１学期よりも宿題に取り組むことは増えたが、「やりたくない」「なんで宿題なんかあるんだよ」の拒否は続き、開始までに30分かかる日もあった。夕食開始が定時より遅れる日も２〜３回/週の割合で認められ、途中でやめる日も３日に１回の割合であった。教室での提出時における担任の称賛は、２回に１回の割合で実行された。

Ⅱ期（2019年1〜3月）

① 集団学習：感情コントロールへの援助

　Ⅱ期の指導回数は計10回であった。Ⅰ期の手だてを継続し、Ⅱ期では仲間への暴言や他害が生起した時に適切な援助行動を教えた。例えば、ゲーム中に、仲間への「おまえがいるから負けた」「早くしろ」等の暴言や他害が認められたら、「次は頑張ろうね」「こうしたら良いよ」と援助することを教えた。A児が援助行動を行ったら、「今のは良いです。○○さんを助けてくれてありがとう」と称賛した。援助の結果、Ⅰ期と同様に担当者が身体を押さえて暴言や他害を止めることもあったが、5回目（2月初旬）から、仲間への「次は負けないぞ」の励ましや「○○したら早くできるから」の援助行動も少しずつ生起するようになり、8回目（3月中旬）以降で明らかに増加した。それに伴い暴言や他害も急激に減少した。自分よりも下位の仲間の側に行き、涙をためながら「俺も2番だから我慢して」と慰める行動も認められた。

② 個別学習：特殊音節の読字や書字、援助要求／報告への援助

　Ⅰ期のマッチング、読字と書字プリントは継続し、加えて、絵カードをヒントに、「しゃ／しゅ／しょ」等のように、「やゆよ」「つ」を含む単語のつく事物を当てるゲームを行った。援助要求では、プロンプトを少なく弱くして自発的に援助要求できるようにした。スーパーバイザーの助言もあり、課題完了したら「できました」と報告することを併せて教えた。援助の結果、読字と書字プリントでは、Ⅰ期での取り組みが支えとなり、3回目（1月下旬）には「今日はどんな問題？」と課題内容を期待する反応も見られ、終了期の9〜10回目（3月下旬）では1回の指導で読字3枚、書字2枚を遂行できた。5回目（2月初旬）より、プロンプトなしで「おしえて」と援助要求できるようになり、報告行動も3回目（1月下旬）より自発的に生起した。

③ 家庭学習：宿題遂行への援助

　Ⅰ期の援助では課題量を半分にしたが、確実に遂行できなかった。母親の

支援に要する負担は軽減せず課題が残された。スーパーバイザーより、A児の宿題への取り組みが母親、担任、担当者間で称賛し合える手だてが必要であることの助言を受けた。新たにトークン・エコノミー法を導入し、母親とのやりとりに宿題カードを導入した。宿題カードは１週間分でB5・１枚の形式で、宿題を終わった直後に好みのキャラクターシール（電車、ゲーム）をA児自ら選択して一つ貼付した。通室時に提出し、シールが２つ以上貼付されていたら、キャラクターカード１枚と交換した。援助の結果、Ⅰ期よりも宿題を完了する日は増え、開始までの時間は明らかに短縮した。ほぼ毎日すぐに取り組むことができたが、Ⅰ期と同様に母親への「やりたくない」の拒否は消失せず、完了できない日も１週間に１〜２回の割合で認められた。

⑿　**本ケースにおける教育援助実践についての学校心理学の観点からの考察**

　援助前、A児は自分の要求が通らない時や勝負に負けた時、母親や仲間に暴言を吐いたり他害したりして怒りを静めるコントロールが十分でなかった。個人要因となるASDの障害特性が背景にあると考えられた。怒りが他者への攻撃を引き起こしていたと考えられ、この不味い連鎖を断ち切り、怒りを静めて行動を切り替え、自分の課題を遂行するという連鎖に修正することが援助のねらいであった。感情コントロールについて母親の改善要求は高かった。Ⅰ期では、集団学習においてゲーム課題を設定し、A児が偶発的に負ける機会を設定した。最初、担当者が身体を押さえる援助は必要であったが、何度も経験するうちに10月下旬以降、徐々に担当者や仲間への暴言や他害は減少した。この変容の要因の一つには、「がんばりシート」を用いた自己評価や自己記録にもとづく行動修正が影響していると考えられる。先行研究では、子どもが自己評価や自己記録を行うことで、反応性効果（reactivity effect）による望ましい行動の改善が示唆されている（King-Sears & Carpenter、1997）。事前にめあてとして「負けても我慢する」を担当者と確認し、事後に我慢できたことを振り返るプロセスを繰り返し経験したことで、怒りが生じても次の行動や活動に移行する連鎖が生じやすくなったと考えられる。

「がんばりシート」を活用したことで、担当者の「今日もがんばったね、すごいよ」の称賛は増加した。暴言や他害をしなかった、少なかった日への担当者の称賛が不適切な行動の生起を未然に防ぐことに作用したと考えられる。ただし、Ⅰ期では暴言や他害の生じない日は一度もなかったため、Ⅱ期では積極的に仲間への適切な援助行動を教えた。その結果、2月初旬から、仲間への励ましや援助行動が生起するようになり、それに伴い暴言や他害も急激に減少した。この望ましい変容は、A児が適切な援助行動を身に付けたことで、不適切な暴言や他害を選択しなくなったからと考えられる。先行研究では、不適切な行動への援助方法として、その行動に機能的に等価で適切な代替行動の形成を試みることで、不適切な行動が低減する結果が報告されており（村本・園山、2009）、本ケースでも同様の効果が生じたと考えられる。

　苦手な特殊音節の読字や書字への援助では、Ⅰ、Ⅱ期ともにスムーズな課題遂行が認められた。Ⅰ、Ⅱ期での段階的な課題の導入、A児にとって身近で好みの言語刺激の使用、プリント1枚の問題数を少なくしてすぐに完了できる工夫が支えたと考えられる。援助要求や報告では、最初は「おしえて」「できました」の言語モデルによるプロンプトで引き出し、A児が言えるようになったら言語モデルを漸次少なく、弱くするプロンプト・フェイディングにより自発的な援助要求や報告を促したと考えられる。

　宿題遂行への援助では、Ⅰ期に母親と協議して夕食前に変更し、担任と連携して課題量も半分にしたが、A児の「やりたくない」の拒否は続き、途中でやめる日も認められた。母親の負担は軽減せず、Ⅱ期ではトークン・エコノミー法による宿題カードを導入した。Ⅰ期よりも宿題完了は増え、開始までの時間は短縮したが、Ⅰ期と同様に拒否は消失せず、途中でやめる日も変わらず認められた。個別学習を通じた特殊音節の読字や書字の改善が宿題遂行へもプラスに影響すると予測したが、大幅な改善は認められなかった。母親が援助者となる家庭環境では、教諭である担当者よりもA児の拒否が生起しやすいと考えられる。子どもの拒否が生起しやすい家庭環境において、生

活者でもあり援助者でもある母親が負担のない手だてで実行でき、成果や手応えを得られる手続きの開発が今後の課題である。

⒀　**教育援助の自己評価（自己点検）**

　約8か月に渡る実践経過について、スーパーバイザーと共に振り返りを行った。実践された教育援助によって、A児は自分の要求が通らない時や勝負に負けた時に、怒りの感情から他者への攻撃ではなく、行動を切り替えたり援助行動に移行したりすることを学習したと考えられる。Ⅱ期では、自分よりも下位の仲間の側に行き、「俺も2番だから我慢して」と慰める行動も認められ、確かな成長を確認できた。個別学習において、わからない・できないときに、他者に「おしえて」と援助要求できることは、課題の中断や課題からの逃避・回避に関わる逸脱行動の生起を予防し、学習参加を高めると考えられる。こうしたA児の望ましい変容は、仲間同士の穏やかな相互交渉の成立や良好な仲間関係の構築につながり、今後の学習機会の拡大も期待される。

　一方で、家庭の宿題では変わらず母親への激しい拒否は続いた。スーパーバイザーからも指摘されたが、教室と家庭という援助場面と援助者の違いが影響しており、適切な行動の教室から家庭への場面般化を促進できず、反省点である。初回面接の際、母親が困り感を強く示したのは、家庭での宿題であった。2歳となる妹の育児や家事、パートタイムの仕事を抱える母親にとって、大きな負担と疲労を導いていた。実際、援助終了時に、母親は「教室では良くなりましたが、家では相変わらずです」と報告した。A児にとって最も大切な援助者となる母親の問題解消に至らなかったことは、担当者として改善すべき点であり今後の教育援助に活かす必要がある。また、本ケースでは、援助期間の制限や担任が多くの分掌を抱え多忙であったことから、担任との連携、通常学級での般化や波及効果を促すための手だてが不十分であった。担任と連携し、教室で身に付いた感情コントロールや援助要求が通常学級でも発揮されるために、また母親との宿題遂行や学校での提出を促すた

めの協働の在り方が今後に残された課題である。

■解説

　本ケースレポートは、通常学級1年に在籍するASD男児を対象に、集団学習での感情コントロールへの援助、個別学習での読字や書字への援助、家庭での宿題遂行への援助の実践経過について、通級指導教室の担当者がまとめたものである。心理教育的アセスメントをもとにスーパービジョンを受けながら、個別の指導計画が作成され、主な手だてとして、自己評価や自己記録にもとづく行動修正、段階的な学習課題の設定、好みの言語刺激の使用、プロンプト・フェイディング、トークン・エコノミー法が適用されている。

■key word
⑴　自己評価と自己（観察）記録
　自己評価とは、自分の実際の行動を、自分または他者が決めた基準と比較すること。自己（観察）記録とは、ある特定の行動が生起したか否かを自分で記録したり指摘したりすること。
⑵　トークン・エコノミー法
　標的行動の生起にトークン（代用貨幣）を与えることでその行動の生起頻度を高めること。トークンは標的行動の直後に与えられ、後に一定量のトークンはバックアップ強化子（行動を高める効果のある事物や活動）と交換される。
⑶　プロンプト・フェイディング
　プロンプトとは標的行動の前に提示され、その行動が生起する確率を高める補助的な刺激。フェイディングとは援助者が行う反応プロンプトを段階的に少なく弱くして、より自然で本来ねらう環境刺激へと転移させる技法。

（村中智彦）

6．コンサルテーション（援助の体制づくり、教師・保育者・保護者への支援など）

⑴ **テーマ**

　　⑤コンサルテーション（援助の体制づくり、教師・保育者・保護者への支援など）

⑵ **表題**

　　保育所における家庭支援—家庭の養育力を高めるための体制づくり

⑶ **報告者氏名**

　　○○○○

⑷ **報告者の立場**

　　A市の福祉部局に設置された保育所における家庭支援について検討する委員会の助言者

⑸ **教育的援助（コンサルテーション）の対象**

　　A市内の保育所の所長および保育士

⑹ **教育的援助を行った機関、施設、場所**

　　A市役所内会議室

⑺ **期間**

　　200X年6月～200X＋1年3月

⑻ **教育的援助開始時における問題の概要**

　　筆者は200X年度から3年間、A市が推進する保育所における家庭支援のあり方について検討する委員会に助言者として関与したが、本ケースは初年度の取組に基づいて記述したものである。すでに前年度に設置されていた委員会においては、A市内の13か所の保育所の所長とベテラン保育士の2名が参加し、各保育所における理解や対応に苦戦する困難事例を持ち寄って、家庭支援のあり方についての事例検討を行っていたが、それぞれに専門的な支援を必要すると思われるケースが多く、先への手立てが見出せないことがあり、専門的な助言が必要となったため、筆者が関与することになったものである。

　なお、保育所では、家庭教育や家庭の教育力など、教育という言葉には違和感があるという指摘があったため、当時の「保育所保育指針」(2000年4月1日施行)に記載された「保育所における保育の基本は、家庭や地域社会と連携を図り、保護者の協力の下に家庭養育の補完を行い、(中略)、健全な心身の発達を図るところにある」とする記述を踏まえて、家庭養育および家庭の養育力という言葉を用いることにしたが、いずれも「子どもの心身の健康な発達を促進する機能」として考えてよい。

⑼　**教育的援助開始時における心理教育的アセスメントの焦点、方法と結果**

　委員会は年4回(1回につき3時間)の開催が予定されていたが、200X年4月に開催された第1回の委員会では、新規に選定された13の保育所の所長とベテランの保育士の2名が3グループに分かれ、前年度と同様の方法で、それぞれの保育所において家庭支援が必要であると思われる困難事例を持ち寄り、その理解や対応について協議する事例検討を行っていた。筆者に期待されていた役割は、保育士同士で行う事例検討において、理解が困難になったり、対応策の検討が行き詰った際に助言や指導を提供するということであったが、事例検討が進行する中で、「どうしていいかわからない」「何をしてもうまくいかない」「自分たちには何もできない」などという意見が表明されたほか、すでに専門機関にも相談して助言は受けたが「保育所でうまくできるかどうか自信がない」などの思いが語られていた。

　参加メンバーは、保育士としての長年の経験はあるものの、事例検討が進むにつれて、困難事例の背景や原因を推測したり、保育士の対応範囲を超える専門的な支援の必要性を訴えるなど、事態の解決ができないという無力感が増大していく一方で、困難な状況の中でも子どもや保護者の成長や発達が見られることには注目しておらず、保育士の持つ自助資源や保育所が活用できる援助資源を探索するという発想は見られなかった。

⑽　**心理教育的アセスメントに基づく教育援助開始時の方針と計画**

　家庭支援に限らず、援助ニーズの高い困難事例では、問題状況に対する不

適切な理解や情報不足のために生じる自責感や負担感、心理的な支えのない孤立無援感、効果や手応えの感じられない試行錯誤から生じる無力感、大きすぎる期待と現実とのギャップからくる焦りや不満、自尊心の傷つきなどが複合していることが多い。このような困難事例について検討しても、問題や課題が見えてくるばかりで有効な解決策がなかなか見出せないことがあり、事例検討の進め方によっては、事例の深刻な背景が浮き彫りにされ、担当者の守備範囲を超えてしまう問題が次々に見出されるなど、事例の適切な理解や効果的な対応策の検討につながらないばかりか、事例提供者がかえって困難を感じてしまうことも少なくない。第1回の委員会の事例検討のプロセスは、まさにその状況であった。

　そこで、筆者から、保育所で対応することができなかったり、専門的な助言を必要とする困難事例ではなく、保育士が日常的な配慮や工夫をしながらうまく対応できたと思われる事例はないのかどうかについて尋ねてみた。すると、時間をかけて保護者との信頼関係を築くことができた事例や、危機的状況を乗り越えながら卒園に至った事例は少なくないとの応答があったので、第2回の委員会では、家庭支援のニーズが高い困難事例ではなく、これまでの経験の中で試行錯誤をしながらも家庭支援の手ごたえがあったと思われる事例を持ち寄り、事例検討を行ってみることを提案した。

(11)　**教育援助の経過の概要**

第Ⅰ段階─家庭支援に必要な基本姿勢の理解と相互的コンサルテーションの導入

　第1回の委員会から約3か月後、200X年7月に開催された第2回の委員会では、家庭支援に取り組むための基本姿勢として次の3点を提案し、その後に、それぞれの保育所から持ち寄った事例に基づいて事例検討を行った。

①　「できることをできる限りでする」を基本に「仲良く・ほめて・積み重ね」

　家庭支援の基本は、これまで実際に行ってきたこと、無理なくやれてきた

こと、いま行っていること、これからも続けることができそうなことなど、今の時点で「できること」を考え、支援者の守備範囲の中で行うこと、すなわち「できることをできる限りでする」ということが重要であり、複数の担当者が、共通理解を基礎にそれぞれ役割分担をして、チームで支援することが、「一人作業は、しない・させない・許さない」という家庭支援のための重要なポイントである。また、家庭支援の取り組みの中では、子どもや家庭の問題や課題にばかりに注目するのではなく、子どもや保護者のわずかな成長や発達を肯定的な視点で捉え、それを積極的に評価し、子どもや保護者の成長や発達につながった取り組みの努力や苦労を、担当者同士でお互いにねぎらい合い、その手応えや成果を積極的に評価し、認めあうことが重要であり、その取り組みを継続して積み重ねることが効果を生む。

②　5つの Co を機能させる

　家庭支援を効果的に推進していくためのアプローチとして、次の5つの機能を活用する。

　その第1は、適切なコミュニケーションによる情報収集や、関係者同士のていねいな情報交換（コミュニケーション：Communication）である。子どもや保護者、家庭の状況などを適切に理解し、これからの支援のあり方を検討する際に最も重要な基礎となる。第2には、保護者に対する「受容」と「共感」を基礎にした継続的な心理的サポート（カウンセリング：Counseling）であり、適切なカウンセリング・スキルを積極的に活用して保護者の不安や悩みの解決をサポートすることである。家庭支援は保護者を指導するのではなく、家庭支援の担当者が受容的態度と共感的理解をもって保護者に寄り添うことが大切である。第3は、複数の援助者がその役割や責任を認識した上で連携が図れるように調整を行い、家庭と学校や専門機関との連絡、学校と関係機関との連携やその調整を図るコーディネーション（Coordination）である。人と人をつなぎ、人と関係機関との橋渡しを行い、その中でさまざまな家庭支援の取り組みが有機的に機能するように連絡・調整を図るコーディネータ

ーが、家庭支援においてもきわめて重要な役割を果たしている。第4は、家庭支援に携わっている関係者が集まり、共通理解を基礎にして、これからの援助のあり方について情報や素案を提供し合うコンサルテーション（Consultation）である。定期的に取り組みの成果を評価しつつ、今後の援助のあり方を話し合うことが、日常的に家庭支援を行っている担当者の支援にもつながる。第5は、関係者の協力関係に基づいたチーム支援（コラボレーション：Collaboration）である。協力関係の構築や情報交換のほか、役割分担による連携を越えて、さらに強力な支援システムとしての機能が求められる。新しい家庭支援システムの構築のために、関係者が一丸となって取り組むことが重要である。

③　相互的コンサルテーション（学び合い・支え合い・育ち合いグループ）の活用

　問題が解決できない状態が続いている状況に対処するには、同じような状況にある人々が集まり、不安や悩みを共有し、共通理解に立って、その対処法について話し合い、お互いに心理的にサポートするというグループ・ワークが問題解決に役立つ。そこで、地域精神保健等の分野で心理教育的な家族グループ（家族教室）として実施されてきた心理教育的アプローチを相互的コンサルテーションとして捉え、「学び合い・支え合い・育ち合い」グループとして活用する。

　具体的には、表4-3に示したような活動（後藤、1998）を継続的かつ定期的に行うことによって、担当者がお互いに積極的なかかわりを維持し、相互に援助できるようになり、自分が他の人のためにサポートできるという実感が、自尊心や自信の回復をもたらすという効果が期待できるほか、参加者のもつ自助資源や援助資源の確認や発見につながる。

　このような説明の後、筆者が相互的コンサルテーションの視点に立ったグループワークのファシリテーターを担当し、13の保育所から提出された事例について3グループに分かれて報告を求めた。それぞれの事例報告では、理

表 4-3　相互的コンサルテーション「学び合い・支え合い・育ち合い」グループ
　　　　のすすめ方

1	各自が抱えている問題や課題について、正確な知識や情報を基に理解する。
2	グループで困ったこと（問題）をお互いに聴き合い、問題に関する体験を共有し、よかったこと・うまくいっていることについても確認し合う。
3	これまでの問題への対処法を肯定的に評価し、その努力や苦労をねぎらう。
4	これからどうなりたいか、どのように対処したいかを明らかにして、それぞれの問題の解決策をお互いに探求する。
5	継続的・定期的な「話し合い」の場で、解決に向けての取り組みについての報告がなされ、それが評価される。

後藤（1998）をもとに作成

解や対応の困難さ、負担感や疲労感などが語られ、問題に関する体験の共有
が図られる場面もあったが、ファシリテーターからは「苦労話はほどほどに
して、これからは自慢話をしましょう」と声をかけて着目点を転換し、「よ
かったこと・うまくいったこと」について確認するとともに、他のメンバー
からは、そのような結果をもたらしたと思われる対処法を肯定的に評価し、
その努力や苦労をねぎらう言葉やコメントを提供し合った。
　その上で、一連のグループワークにおける体験を振り返り、「家庭支援の
〇か条」をワークシートにまとめるように指示した。表 4-4 は、その指示に
沿ってあるグループが実際に作成したものである。

表 4-4　家庭支援の 6 か条

1	あいさつ以外にもう一言！ （おはよう、おかえりのことばだけでなくもう一声をかける）
2	子供も保護者も職員も、みんなホットに！ （居心地のいい保育所になるように）
3	そのことば、ちょっと一息入れてから （否定的なことばにならないように）
4	チームワークで支え合おう！ （保育所全体で声をかけ、親のしんどさを分かち合う）
5	まずは受け入れ、寄り添おう！ （保護者の思いを受け入れ、心を開いてもらう）
6	そして見守ろう！

　これらの項目は、援助ニーズの高い家庭や保護者への支援ではなく、家庭支援のために、保育所において保育士ができることを明確にしたことに意義があることを確認した。その上で、各グループの参加者（所長と保育士）には、作成した「家庭支援の○か条」をそれぞれの保育所に持ち帰り、すべての職員に伝達して内容を共有したうえで、保育所における家庭支援に取り組み、その成果を2か月後の第3回委員会で報告するように求め、第1回目の委員会を終了した。

第Ⅱ段階―200X年7月から9月までの実践を振り返って

　第2回の委員会から約2か月後、200X年9月に開催された第3回の委員会では、それぞれの保育所において「家庭支援の○か条」を意識しながら取り組んだ成果について報告した。このうち、B保育所では、所長が「家庭支援の6か条」を模造紙に書き出し、すべての職員が常に目にすることができるように、職員室に掲示して、保護者との日常的なかかわりにおいて「家庭支援の6か条」を意識しながら取り組んだという報告があった。

　第3回の委員会においても、同様のグループワークのすすめ方により、それぞれの取り組みの「よかったこと・うまくいったこと」について確認するとともに、他のメンバーからは、そのような結果をもたらしたと思われる対処法を肯定的に評価して、その努力や苦労をねぎらう言葉やコメントを提供し合った。セッションの最後には、実践を通して見えてきた成果を確認するために、一連のグループワークにおける体験を振り返って、「成果の要因○か条」としてワークシートにまとめるように指示した。その上で、成果につながったと思われる配慮や工夫は、さらに意識して継続的に取り組み、第4回の委員会ではその報告をもとに再びグループワークを実施することを伝えた。

第Ⅲ段階―200X年9月から11月までの実践を振り返って

　第3回の委員会から約2か月後、200X年11月に開催された第4回の委員会でも、同様のグループワークのすすめ方によって、継続的に取り組んだ成

表 4-5　さらに成果を上げるための工夫

1．よりわかりやすく、保護者に伝える。
　　視覚に訴えることも大切…保育所の一日（子どもの姿）、おたよりなど
2．職員が常に "おみやげ" を意識するようにする。（標語にして、目につくところに貼る）
3．保育士の悩みを全体の場に出し合い、共通認識をする。
4．何でも話し合えるよい職員関係をつくる。（子ども、保護者、そして職員も心地よく過ごす）

果を報告し、「よかったこと・うまくいったこと」をもたらしたと思われる対処法を肯定的に評価し、その努力や苦労をねぎらう言葉やコメントを提供し合った。そして、一連のグループワークにおける体験を振り返り、「さらに効果をあげるための工夫」というテーマに沿ってワークシートにまとめるように指示し、各グループで作成した内容をそれぞれの保育所に持ち帰って、すべての職員に伝達し、共有するように求めた。表4-5は、あるグループが作成したものであるが、家庭支援の要点がこれまでの継続的な実践の成果に基づいて、より具体的に実感されていることがうかがえる。

　この委員会に継続的に参加したB保育所から、200X年の年度末に提出された報告には、「家庭支援の6か条」に挙げられた「1　あいさつ以外にもう一言！」を基本に、保護者との信頼関係づくりに取り組んだ成果が記述されていた。

　（B保育所では）「保護者との信頼関係づくり」と全職員が「あいさつ以外にもう一言」保護者に声をかける取り組みを行なった。取り組みを重ねる中で、保護者をねぎらう言葉が親近感を増し、信頼関係も結びやすくなることがわかり、保育士の日頃の言葉かけがどうであったか、保育を見直す機会になった。
　「あいさつ以外にもう一言」の取り組みを通しては、「子どもの姿や保育士との関わり、年齢の特徴などを詳しく伝えていくことにより、母親の子どもへの接し方に変化が見られ、それが子どもの成長につながっていった」「（子どもの）友達との関わりを伝えていくことにより、友達に関心をもっていることに気づき、母

親は他の子どもに目を向けるようになった」「全職員で声をかけることにより、担任だけでなくみんなが関わってくれているということに母親が気づき、母親と職員との信頼関係が深まった」という成果を導いている。（一部修正して引用）

　また、Ｃ保育所では、「よりわかりやすく、保護者に伝える」という指針に沿った取組の成果が報告された。

　（Ｃ保育所では）　家庭支援にあたり、保育所と家庭をつなぐものとして、日々活用しているノートの重要性に着目した。保育所での子どもの様子や保育内容を保護者に知らせることで、保育所への関心を深め、子どもに目を向け、子どもが話題になって家庭での会話がはずむような家庭支援につなげたいという目標に沿って、「保育所と家庭が日常の子どもの姿を伝え合うことで信頼関係を深め、健やかな親子関係を育む支援をする」「日々の保育を見直し、子どもの姿を伝え、保護者の思いを知る工夫をし、より効果的な家庭支援につなげる」ために、「伝える」情報から「伝わる」情報に焦点を当てて取り組んだ。
　具体的には、毎日の子どもの生活や遊びを具体的に伝え、一人ひとりの子どもに合わせた育児記録でもあるノートに目を向け、ノートでやりとりすることが、子育てを支える力にどうつながっていくのか、どのような書き方をすれば保育所での子どもの姿や保育内容が伝わるのかなどを検討してきた。
　これらの取り組みを通して、子どもの成長を保護者に伝えることにより、保育所からのメッセージを保護者が楽しみにするようになり、さらに子どもに関心を向けてくれるようになることが、家庭支援につながっていることを学んだ。（一部修正して引用）

⑿　本ケースにおける教育的援助実践についての学校心理学の観点からの考察

　子どもの育ちの基盤である家庭の機能が低下している状況では、子育ての基盤となる家庭養育を補完する家庭支援が必要である。保育所における家庭支援は、保護者自身が成長し、子どもと向き合い、子どもの心身の健やかな発達を促進することができるように、家庭の養育力を育成していくことであ

るという認識のもとに、家庭支援に取り組んだ。

　筆者が関与したのは、市の福祉部局会に設置された家庭支援に関する委員会であり、この委員会は基幹会議として位置づけられていたが、委員会を援助ニーズの大きい家庭の困難事例について検討するケースカンファレンスや外部の専門家によるコンサルテーションの場とはしなかった。家庭支援についても三次的心理教育的援助としてではなく、試行錯誤しながらも家庭支援の効果があったと思われる事例をもとに相互的コンサルテーションを実施し、参加者は「仲よく・ほめて・積み重ね」を合言葉に、各保育所の取り組みの経過の中で見えてくる成果について、お互いがほめ合い、認め合い、ねぎらい合いながら活発な討議を行っており、基幹会議としての委員会が、援助チームとして機能していたと言えよう。その中で、それぞれの保育所や保育士のもつ自助資源や援助資源を具体的に明らかにしながら、すべての家庭を対象に「家庭の養育力」を育成するための一次的心理教育的援助としての家庭支援を目標に、保育所全体で「チームワークで支え合おう」とチーム支援を推進した点に特徴があると考えられる。

⒀　教育援助の自己評価

　学校心理士が教育委員会や福祉部局の委員会に助言者として参加し、子どもの成長や発達を支援するための事業の推進に関与した取り組みであったが、このような委員会の運営は「研修型コンサルテーション」であった。その中で取り組んだのが、心理教育的アプローチを取り入れた相互的コンサルテーションであり、委員会におけるグループワークのすすめ方をモデルとして、それぞれの保育所においても同じ方式で事例検討を行ったことが成果につながったものと理解される。また、事例検討の際に専門家としての助言や指導を求められることは多いが、当該事例に限定したケースカンファレンスやコンサルテーションに陥らないように配慮し、外部の専門家に依存したり、専門機関にリファーすることを先行させるのではなく、保育士の自助資源や活用できる援助資源を明確にしたことが、困難事例への苦戦の中で経験されて

いた無力感を低減し、子どもや保護者の変化を実感しながら、家庭支援の取り組みを継続することにつながったと思われる。

■解説

　コンサルテーションには、大きな援助ニーズをもつ子どもの問題解決をめざして三次的心理教育的援助として行われるコンサルテーション、配慮を必要とする子どもの早期発見と早期対応をめざして二次的心理教育的援助として行われるコンサルテーション、すべての子どもを対象にした一次的心理教育的援助として行われるコンサルテーションのほか、学校組織の改善に向けてのコンサルテーションや、子どもの発達を支援するための制度化や施策化に向けたコンサルテーションがある。また、教育委員会等に設置された各種の委員会に助言者として関与し、事業の推進や施策化に向けてコンサルテーションを行うことがある。

　本ケースレポートは、市の福祉部局に設置された「保育所における家庭支援」の検討委員会に助言者として関与しながら、この委員会を基幹会議として、参加した保育所長とベテランの保育士が相互的コンサルテーションを行う中で自助資源と援助資源を明確にするとともに、それぞれの保育所における家庭支援の体制づくりと保育士の援助能力の向上を図ることによって、保護者と子どもの成長と発達を促した取組の一端を記述したものである。

　基幹会議となる委員会が、家庭支援のニーズが高い事例に対するケースカンファレンスや当該の事例に限定したコンサルテーションを行う場になることは避け、保育所や保育士がすでにもっている自助資源や援助資源を活用し、すべての家庭を対象にした家庭支援を推進することをめざして、心理教育的アプローチに基づく相互的コンサルテーションを継続的に実施している。

　その中で、時間をかけて保護者との信頼関係を築くことができた事例や、危機的状況を乗り越えながら卒園に至った事例など、試行錯誤しながらも家庭支援が功を奏したと思われる事例に基づく事例検討を継続的に行い、その

体験をもとに家庭支援のポイントを明確にし、それに沿った実践に基づいて
その成果の要因を明らかにし、「さらに効果を上げるための工夫」について
も協議している。

　参加者は管理職としてリーダーシップが発揮できる保育所の所長とベテラ
ンの保育士であり、基幹会議での学びや気づきを、それぞれの保育所におけ
る家庭支援の体制づくりに活用していることがわかる。

■key word

(1)　家庭教育

　家庭教育はすべての教育の出発点であり、家庭において基本的な生活習慣
や社会性を子どもに身につけさせることを意味する。

(2)　保育所における家庭支援

　保育所のもつ自助資源と援助資源を活用し、保護者が家庭において子ども
の心身の健やかな発達を促進することができるように、家庭の養育力を育む
ための支援である。

(3)　相互的コンサルテーション（学び合い・支え合い・育ち合いグループ）

　困ったことをお互いに聴き合い、体験を共有した後に、よかったこと・う
まくいっていることを確認しながら、これまでの対処法を肯定的に評価し、
その努力や苦労をねぎらい合うことを重視したコンサルテーションである。

（三川俊樹）

7．学級経営・学校全体のマネジメントと組織づくり*

(1)　テーマ

　⑦学年や学校全体のマネジメントと組織づくり

---

*　本ケースレポートでは、支援の本質となる部分以外では他の事例の内容を組み合わせて記述し
　てある。

(2) **表題**

大規模小学校でのチーム援助の導入と組織づくり

(3) **報告者氏名**

○○○○

(4) **報告者の立場**

教育相談担当（B小学校教諭）

(5) **教育援助の対象者**

A市立B小学校

(6) **教育援助を行った機関、施設、場所**

A市立B小学校

(7) **期間**

20○○年5月2日～20○○年11月30日

(8) **教育援助開始時における対象者の問題の概要**

B小学校は学級数が25を超え（特別支援学級を含む）、児童数も900人以上の大規模校である。学級数が多いため同学年でもフロアが分かれることがあり、学年行事の一斉取組がしにくく、児童の実態把握が難しい状態が生じている。当然教職員数が多く、他学年教諭との関りが希薄になりがちで、同学年教諭との関りが強い傾向にある。そのため、自分の学級や校務分掌等の枠を超えて教職員が問題を共有し協力し合う関係が十分でない。もし同学年教諭と上手くいかない状況が生じると、さまざまな問題を一人で抱え込んでしまう場合もある。

児童については、転入生の受け入れが多いが転校前の学校での適応が上手くいかない児童が新しい環境を求めて転入してくるケースが少なくない。また保護者のニーズが高く、その対応に苦慮している教職員も多い。児童や保護者が多様化し、今までのように一人の学級担任の経験や力量に頼るだけでは、さまざまな問題を解決しにくい状況が生じている。

⑼　**教育援助開始時における、対象者、学校、学級そして家族の環境などについての心理教育的アセスメントの焦点、方法と結果**

　B小学校の組織面に注目して、学校適応上の課題別（不登校、いじめ、特別支援教育、学習関係）にアセスメントを実施した。

⒜　不登校　登校しぶりの児童に関しては、教頭や教務主任を中心に対応しており、児童や保護者の希望があればスクールカウンセラー（SC）によるカウンセリングが行われている。心理療法的な支援が必要な場合や福祉行政の関与が不可欠な場合などさまざまであるが、関係者間で情報共有が十分でなく、問題が深刻化してから対応する状況がある。そのため、学校全体での共通理解・共通の支援が難しい。また、必要に応じたケース会議がほとんど行われず、登校しぶりの児童への支援・対応が担任任せになる傾向が強い。

⒝　いじめ　予防的な取組として、人権公開学習参観の実施や高学年でピア・サポートプログラムを導入して、自分や他者を大切にする意識と実践力を高め、互いの良さを認め、支え合う関係づくりを目指している。また、全校で月に1回、児童と担任がやりとりするための交換ノートを実施し、児童の実態把握や信頼関係構築に努めている。毎週、生徒指導担当が部会を運営し、学級集団や個人の状況の把握を行っている。1～3年生は生活アンケート、4～6年生は適応感を調べるための心理検査を年に2回実施し、いじめの未然防止に努めている。しかしこの検査を活かした支援策の検討は十分でなく、部会でも現在の児童の状態や課題の共有にとどまっている。

⒞　特別支援教育　校務分掌に校内支援委員会が設置され、特別支援教育コーディネーター（特支Co）による定期的な特別支援教育部会が開かれ、児童の情報交換や共通理解が図られている。特別支援学級の公開授業や特別支援教育全体研修会が毎年設定され、交流教育が行われている。対象児童の個別の教育支援計画・指導計画の作成と活用がなされ、引継ぎも行われている。また、特別なニーズのある児童の保護者との面談では特支Coが同席するなど、担任の負担軽減が行われている。しかし、特別なニーズのある児童の保

護者に対する教職員の対応の仕方には差があり、一部でこうした実態を問題視する声もある。

(d)　学習関係　校務分掌に学力向上部が設置され、担当により部会が運営されている。夏休みに学力向上研修で全国学力学習状況調査や標準学力検査（絶対評価）の結果の分析が報告され、2学期以降の指導に活かされている。しかし、今年度は少人数指導が実施されず部会による支援体制が十分でない。

　以上、学校適応上の課題別に見てきたB小学校の実態を全体としてまとめると、リーダーである生徒指導担当や学力向上担当、特支 Co のそれぞれの力量はあると言える。しかし、そこでの取組は実態把握に重点がおかれ、それに基づく支援策が十分でない。また不登校などに見られるように学校職員全体での共通理解と共通支援が不十分であり、児童への支援・対応が担任任せになっていて、担当者間で支援内容や支援方法に差があることが課題としてあげられる。

⑽　**心理教育的アセスメントに基づく教育援助開始時の教育援助の方針と計画**

　B小学校のアセスメントにもとづき、次のような教育援助の方針を立てた。

方針1：チーム援助会議を導入し、児童の学校適応援助を促進する。

方針2：チーム援助会議を実践することにより、新たな人材育成を図る。

　この方針にしたがって、具体的な手立てを次のように計画した。

(a)チーム援助の考え方を導入するための校内研究会を実施し、理解を得る。

(b)チーム援助会議を円滑に進めるためのマニュアルや資料を報告者が作成するとともに、スムーズな引継ぎのための資料の保存方法を提案する。

(c)報告者が学級担任への事前の資料作りの手助けやコーディネーター（援助チーム司会者）への支援、チーム援助会議運営のサポートを行い、チーム援助体制の構築を図る。

(d)チーム援助会議をコーディネートする教育相談担当の役割を強化するとともに、学校の実態に合わせたチーム援助体制の再検討を行う。

表 4-6　主な構成メンバーの例

内容	学習面	心理・社会面	進路・家庭面	健康面
Co	学力向上担当	特別支援教育 Co	生徒指導担当	養護教諭
構成メンバー	学級担任 学年主任 指導法工夫改善 （専科） （管理職）	学級担任 学年主任 養護教諭 管理職 教育相談担当 人権教育担当 SC	学級担任 学年主任 養護教諭 管理職 教育相談担当 SC SSW	学級担任 学年主任 管理職

⑾　教育援助の経過の概要

第Ⅰ期　チーム援助体制の構築に向けた準備（5月2日〜5月8日）

(a)　チーム援助についての校内研修実施

　5月2日の校内研修では、次のような内容を実施した。

① 　チーム援助についての説明

　チーム援助会議とは、「共通の目標をもって役割分担しながら児童援助を行う会議」とした。会議は45分を上限とし、援助目標、援助案、役割分担の決定を行う。援助チームシート（石隈・田村、2003）と報告者が作成するチーム援助会議マニュアルを活用する。チーム援助の流れとして、①問題が深刻化する前に情報を共有する定例チーム援助と、②深刻化してから対応する臨時チーム援助を設定した。

　A市教育委員会による学校適応チェックリストを使って、学級担任がスクリーニングを行い、チーム援助会議ではそれをもとに援助を要する児童の抽出を行う。抽出された児童について、援助チームシート・援助資源チェックシートなどを使用して情報を収集し、アセスメントにもとづいて支援策を検討する。今回の取組では、スクールカウンセラー（SC）にスーパービジョン（SV）を依頼したので、その指導により学校心理学における一次的援助、二次的援助、三次的援助の考え方の周知を図ることとした。チームの主な構成メンバーは、援助ニーズの内容により、表4-6のように設定した。必要に

応じて生徒指導部会で会議の内容を報告し、情報を共有する。会議中の記録とデータ保存は報告者もしくは教務主任が行う。最終的な資料は教務主任がチーム会議専用の学年別ファイルに保存し、保管する。また、学校適応チェックリストの実施は5月と3月（引継ぎ用）を基本として、名前があがった児童の集約は報告者が行うこととした。

② 学級担任による学校適応チェックリストの実施と学年での状況共有

研修の場で、各学級担任に学校適応チェックリストを記入してもらった。これは、研修内でリスト記入とそれをもとに各学年で協議して援助対象児を抽出し、学校全体で共有するところまで実施した方がよいだろうとのSVにもとづくものである。

③ 対象児童についての共通理解

チーム援助会議が必要と考えられる児童が、全校で7名（A～G）あがった。

(b) チーム援助会議に必要な準備物の作成

会議開催前に必要な準備物として、次の5つを用意した。援助ニーズを要する児童のとりまとめ表、学校適応チェックシート、学年別の情報とりまとめシート、モデルとなる援助チームシートの見本、援助会議実施を知らせる文書（開催日時、場所、メンバーを記入）である。また、会議中に使用するために次の資料、すなわち援助会議の進め方を示した司会マニュアルと、学級担任が作成した援助シートおよび援助資源シートを準備した。

円滑な引継ぎのために、チーム援助会議専用の学年別ファイルを用意し、支援策を入力した援助シートや援助資源シート等を保存した。学年別ファイルは入学年度で分類し、学級編成資料としても利用できるようにした。

第Ⅱ期　チーム援助会議の実施（5月9日～10月31日）

(c) 報告者による学級担任・コーディネーターの手助けと会議のサポート

前述の校内研修で名前があがった児童7名の学級担任に5月9日に集まってもらった。緊急性の高さと深刻さの観点を踏まえるようにとのSVをもと

に、各担任の合意のもと、チーム援助会議の日程の概略を決めた。

　報告者が会議の1か月前までに、教務主任と開催日時や場所、メンバーや司会について協議し、援助会議を知らせる文書を作成し、参加者に配布した。また、報告者が会議で検討する児童の学級担任に対し、援助シートと援助資源シート作成のサポートを行い、会議の1週間前までに援助会議に向けて司会の担当コーディネーターと、会議の方向性などの打合せを行った。そして、会議の前日までに学級担任と教務主任への提出物を確認した。会議中は報告者が記録を担当し、会議後は支援策をパソコン入力し、管理職や教務主任に支援策が記入された援助シートを手渡して結果を報告した。会議後1週間をめどに、報告者が支援状態を学級担任に確認した。

　実際に実施したチーム援助会議の日程と概要を示したものが表4-7である。予定通りに開かれなかった会議もあったが（6/25、7/11）、当初名前があがった7名についてはチーム援助が実践され、一定の改善や進展を確認することができた。

　会議では、事前に援助シートと援助資源シートを配布したことや、司会のマニュアルを活用して時間の見通しを立てたことにより、計画的かつ円滑なチーム援助会議を行うことができた。また、援助を要する児童の第1回目チーム援助会議では、同学年が参加することとした。それにより、交換授業や交流給食など学年で支援策に取り組む提案がなされた。管理職や同学年などと状況の共有ができたことで、学級担任の負担が軽くなったとの声が聞かれた。また支援の過程においても、支援対象児童がたくさんの教職員と関われたことを喜ぶ姿が見られ、不登校が改善するケースがあった。また、チーム援助会議で実態に合わせた支援策検討がなされ、若年教職員の人材育成につながっているとの声が指導的立場の教職員から聞かれた。

　一方、課題はチーム援助会議の時間調整である。新たに会議を設定することは大きな負担を伴う。また、教育相談担当が会議を開催するまでにコーディネートを進める時間調整の難しさもあった。そうこうする内に、学年で十

120

表 4-7　実施したチーム援助会議と打合せ等（一部）

月　日	援助対象	主な支援策
5／15	A（5年）	情報共有が中心。担任の関わりを支援。他教職員は普通に接し、あえて関わらない。
6／6	B（6年）	外部機関を紹介し、その方針を尊重して関わる。
6／25		会議は校内事情で延期。F（6年、特別支援学級在籍）の交流学級担任に対して、サポートヒントシート（SHS）^(注)で手立てを提案
6／27	C（5年）	保護者の考えを再認識した上で、再度チーム援助会議をもつ。対人関係面と学力面で厳しさがある。援助チームシートをもとに、担任ができるサポートを計画。
7／4	D（4年）	学級でSSTの継続とよさ見つけなどの周囲の児童の関わり方を改善。保護者との個人面談で報告の後、再度支援案検討を決定。
7／11		会議は時制変更により中止。E（5年）について、学習面で援助ニーズ確認。報告者による授業中のアセスメント結果を学級担任に報告。保護者との連携を含め、アドバイスを行う。
7／21		全職員に新たに援助が必要な児童に関するアンケートを臨時で実施。学年でとりまとめを行う。全職員での共通理解のための通信を作成し配布。その中で、チーム援助会議の経過を報告。
8／24		特別支援教育研修を実施。サポートヒントシートを活用した2学期からの支援策の検討を行った。
8／31	F（6年）	保護者に巡回相談提案を決定。学年担任による交換授業の実施。学年集会や学年行事での担任の負担軽減を検討。
9／5	G（2年）	登校しぶりの状況。担任のみが給食時間に入れ替わる交換給食や交換授業を決定。

(注)　サポートヒントシート（福岡県教育委員会・福岡県教育センター、2017）日常の指導の中で気になる児童生徒に対して、特別支援教育の視点から理解を深め、その支援について検討するもの

分検討されないまま教務主任に援助要請をするケースもあった。これは本来は臨時チーム援助を実施すべきケースである。さらに反省材料の一つは、学年間でチーム援助の質にばらつきが見られることがあったことである。

第Ⅲ期 チーム援助体制の継続に向けた資料作成とチーム援助体制の再検討（10月6日〜11月30日）

(d) コーディネーター人材の育成、引継ぎのための資料作成、体制の再検討

次年度、教育相談担当（報告者）が人事異動のルールにより変わる可能性が高いため、コーディネートできる人材を探す必要があった。学級担任が教育相談担当になった場合、学校全体を見渡すことが難しいため、教務主任を候補者として、2人体制で進めていくことにした。また、それぞれの担当者が何をすべきかわかる資料を表形式で作成した。チーム援助体制を管理職と教務主任とともに振り返り、校務分掌組織の位置づけを再検討した。

(12) **本ケースにおける教育実践についての学校心理学の観点からの考察**

本実践では、大規模校であるB小学校にチーム援助会議を導入し組織づくりを試みた。約半年間の取組を通して、学校規模によって効果的なチーム援助会議の運営方法が異なるのではないかと考えるようになった。

大規模校のメリットは、学年別や教科別の教職員同士で学習指導や生徒指導などについての相談・研究・協力等が行いやすいことであるが、デメリットは教職員相互の連絡調整が図りづらく、全教職員による各児童の把握が難しくなりやすいことである。大規模校であるB小学校において、スクリーニングにもとづく定例チーム援助会議を行うことはできた。しかしチーム援助で検討できる児童の数に限りがあり、学年間で支援に差が生じてしまった。また、他学年児童の顔や氏名がわからず、チーム援助会議に参加した教職員が児童の支援策を提案しにくい場面もあった。これらの問題から、大規模校では児童の把握がしやすく連絡調整が行いやすい同学年でまずチーム援助を実施し、そのために定例化されている学年会を活用していくことが有効だと考える。

この点に関して馬場（2013）は、階層型チーム援助のモデル（学年会チーム援助、校内チーム援助、拡大チーム援助という階層）によって、大規模校でチーム援助を実践し、学校の対応力の向上を成果として報告している。学年会チ

ーム援助は、規模としては通常のコア援助チーム（田村・石隈、2003）とコーディネーション委員会（家近・石隈、2003：コア援助チーム間や学校外の援助資源を調整する役割がある）の中間に位置する規模のチーム援助である。

　以上のことから、B小学校のような大規模校では日常的に「学年チーム援助会議」を行った上で、今回実施したような学年を超えた大人数でのチーム援助会議（「拡大チーム援助会議」）を行うのが効果的であると考えられる。「拡大チーム援助会議」では、まず年度当初に前年度の様子などにもとづいて全校で共通理解した三次的援助対象の児童について検討する。そして、年度途中はその後の各学年での支援が困難な児童に対して支援策を検討し決定することにする。つまり、「学年チーム援助会議」と「拡大チーム援助会議」を組み合わせて実施することにより、大規模校での支援体制がより有効に機能するようになるのではないかと考える。

⒀　教育援助の自己評価（自己点検）

　B小学校にチーム援助会議のシステムを導入するための手立てとして計画し実施した4点⒜〜⒟について、自己評価を行う。

　まず、⒜チーム援助に関する校内研修の実施により、チーム援助の目的や意図を伝え、またスクリーニングによる援助対象児の抽出から、二次的・三次的援助サービスの実際についての基礎的な理解を促進することができた。全教職員への研修は初めての経験だったが、適切に実施できたと思う。

　次に、⒝チーム援助会議に必要な準備物を用意することについては、これによって司会や参加者が見通しをもって会議を行うことができたと考える。特に援助チームシートの見本を用意したことで、学級担任からは資料作りをしやすかったといった感想が聞かれた。関係者ができるだけ実践しやすいような事前の準備が非常に重要であることがよくわかった。

　報告者が行った一連の支援、すなわち⒞援助会議実施を知らせる文書の作成・配布や援助チームシート作成の支援、関係者との打ち合わせ、会議中の記録、会議後の支援策の記録や管理職への報告などが、支援の一連の流れの

スムーズな実践に役立ったと考える。こうしたチーム援助会議によって、児童にとっては複数の教職員からの一貫した支援を得やすく、課題改善につながるとともに、保護者にとっては複数の教職員や支援者（SC、SSW）によって安心が得られやすくなったようである。一方、教職員にとっても対象児童の多面的な情報収集と理解ができ、具体的で幅広い支援策の検討と実践によって、負担軽減につながることが分かった。その上、他学年教職員の考えを共有できる場となり、新たな人材育成につながったのは大きな収穫である。

　最後に(d)チーム援助会議の担当者の役割分担の明確化と次年度に向けた体制の検討は、B小学校でのチーム援助会議の定着につながると予想する。

　一方、大きな課題としては、会議にあがってくる児童の援助ニーズの判定に学年差があり、そのことへの気づきが遅れてしまったことがあげられる。また、アセスメントによる判定のレベルをどうやってそろえるかという点でも悩んだ。今後の検討が必要であり、何らかの数値による基準（例：欠席日数）を設けたり、複数の関係者（例：担任教師と養護教諭）の判断材料をもとにするなどのやり方を検討したい。なお、会議の時間の確保と参加者の時間調整の難しさは言うまでもないのでさらに工夫したい。

■解説

　本ケースレポートは、大規模小学校で教職員数が多いために、学年を超えての協力が難しく、一方学年内での連携が適切に進まないと学級担任教師が一人で問題を抱え込んでしまう状況にあった学校で、チーム援助を導入してそのための組織づくりに取組んだ事例である。

　まず、学校適応上の課題別にアセスメントを行い、それぞれの成果と課題がまとめられている。それらを総括して、各分掌のリーダーの力量に依存している現状が課題として挙げられている。次に、それを受けて教育援助方針が大きく2つ挙げられ、それらを実行するために4つの手立てが計画された。それぞれの手立てが確実に実施され、実際に当初リストアップされた7人の

124

児童についてチーム援助が実践され、一定の成果が報告されている。

　このように学校全体への介入を行うにはミドルリーダーとしての視点が必要であり、管理職等に対して参画意識をもって校内体制の改善案を提案し実行に移した。この実践を通して、コア援助チームとマネジメント委員会の中間に位置する学年会レベルでのチーム援助の必要性を感じて考察を行っており、大規模校での今後のチーム援助導入の促進に資する実践と言えよう。

■key word

(1)　チーム援助会議

　学級担任、教育相談担当、スクールカウンセラーなどが、援助ニーズをもつ児童生徒の支援のためにチームを組んで行う会議をいう。

(2)　コア援助チーム

　チーム援助を行う際の、学級担任、保護者、コーディネーター（教育相談担当、養護教諭など）の3者からなるチームである。

(3)　コーディネーション委員会

　管理職、生徒指導担当者、学年主任などが、学校全体のマネジメントの中でチーム援助を機能化させるための委員会である。

（小泉令三・松永千景）

8．個人に対する療育やリハビリテーション、メンタルヘルスなどの支援

(1)　テーマ

　⑧個人やグループに対する学校外での継続的な指導・援助

(2)　表題

　自閉スペクトラム症児に対する自己理解を促す指導・援助

(3)　報告者氏名

　○○○○

⑷　**報告者の立場**

　B 大学相談室の相談員

⑸　**教育援助の対象者**

　A 児は、支援開始時14歳、公立 X 中学校の通常学級に在籍する中学 3 年生の男児で、広汎性発達障害（診断当時の診断基準に基づく）の診断を受けている。家族構成は、父、母、妹（小学 6 年）の 4 人家族で、父は会社員、母は専業主婦である。

⑹　**教育援助を行った機関、施設、場所**

　B 大学相談室

⑺　**期間**

　20XX年10月〜20XX + 1 年 3 月

⑻　**教育援助開始時における対象者の問題の概要**

　A児は、学業成績は優秀で、定期考査では常に上位に位置していた。しかし、宿題などの提出物を教師から指定された時間に提出することができず、減点されてしまうことが頻繁にあった。生活面では 1 つのことに没頭すると周りが見えなくなってしまい、自分の思い通りに行動したがる様子がみられた。担任や保護者はこのような課題に対する改善策をA児に提案するも、A児がその方略を実行することはなかった。高校進学を間近に控え、これらの課題を改善してほしいという保護者の願いから、A児と保護者がB大学の相談室へ来談した。

⑼　**教育援助開始時における、対象者、学校、学級そして家族の環境などについての心理教育的アセスメントの焦点、方法と結果**

①　知能検査等の検査結果

＜WISC-Ⅳ＞

　認知面や知的発達の評価のために、WISC-Ⅳ（14歳 6 か月時）を実施した。全検査 IQ(FSIQ) = 120、言語理解指標(VCI) = 115、知覚推理指標(PRI) = 120、ワーキングメモリー指標(WMI) = 115、処理速度指標(PSI) = 107であった。

全般的な知的水準は平均の上から高く、各指標間での得点の差は認められなかった。

＜ASIST 学校適応スキルプロフィール＞

　学校生活におけるＡ児の行動面や心理社会面等に関する評価を行うため、援助開始時に ASIST 学校適応スキルプロフィール（以下、ASIST）（橋本他、2014）を実施した。学校での様子について評価する項目が多く、学校で保護者と担任が面談する機会が回答依頼日の数日後に設けられていたため、一度持ち帰って担任とともに回答するよう求めた。その結果、学校適応スキルでは、手先の巧緻性領域が高校１年生以上レベル、生活習慣領域および言語表現領域が中学３年生レベルと、学年相応以上のスキル獲得を示した。その一方で、行動コントロール領域が小学５年生レベル、社会性領域が５歳レベルと、スキル獲得が大きく遅れていた。特別な支援ニーズでは、身体性・運動領域、集中力領域、感覚の過敏さ領域、多動性・衝動性領域において全般的な支援が必要な要支援レベルであった。以上の結果から、社会性の低さと行動コントロールの困難さが著しく、集団参加に関する支援ニーズが高いことが推測された。

② 対象児本人に対する聞き取り

　Ａ児に対して、簡単な自己紹介や長所・短所、学校や家庭での過ごし方や困難感などを尋ねた。しかし、「内緒」、「ない」、「秘密」などと回答し、本人から学校や家庭での様子について語られることはなく、Ａ児自身の支援ニーズを把握することができなかった。

③ 保護者に対する聞き取り

　担任と保護者が週に１度電話で連絡を取って情報共有しているため、学校での様子も保護者から聞き取りを行った。それによると、学習面での遅れはみられないが、興味関心に偏りがみられる。数学や理科は、授業に意欲的に参加する。しかし、相手の話をさえぎって話し続ける、あるいは出し抜けに発言することも多い。そして担任の気になる事柄として宿題や課題等を提出

しないことや忘れ物が多いことが挙げられた。

　心理社会面では、情緒的には安定しているが、級友の言動や学級内のルールで納得いかないことがあると、感情を抑えられず、暴言などの攻撃的な言動を示すこともあった。

　A児の通う中学校は1学年2学級と、学校の規模は大きくない。また、A児と同じ小学校出身の級友も多いことから、A児の特性を理解し受容的な生徒が多いことが分かった。

　家庭では、身支度などは一人で行うものの、寝癖がそのままになっていたり制服のズボンからYシャツがはみ出していたりと、身だしなみを整えることが難しい。また、幼少期から、自分の気になる物があると、勝手にのぞき込んだり、触ったりしてしまうとのことだった。

　これらの行動を示すA児に対して、担任や保護者はこれまで、人との関わり方や話の聞き方のルールを具体的に提示したり、忘れ物を減らすために持ち物チェックシートを作成したり、様々な支援を行ってきた。しかし、A児の行動が改善することはなかったとのことだった。

　面接の最後に、A児は学校や家庭でどのようなことに困っていると思うかというA児の認識について尋ねた。A児に学校での出来事や困っていることについて尋ねても明確な答えは返ってこず、また普段から淡々と過ごしているため、学校で困り感は抱いていないのではないかとのことだった。

④　総合的なアセスメントの結果

　知的発達に遅れは認められないが、社会性の低さや行動コントロールの困難さ、興味関心の偏りがある。そのため、気になることがあると指示されたことに従うことが難しく、自分本意にふるまう姿が認められた。また、周囲の状況を読み取ることや周囲からどのように見られているかを意識することが難しく、相手が嫌がっていることでも繰り返し行うことにつながると考えられた。これらの行動に対して、担任や保護者はさまざまな支援方法を検討し、実施したものの、有効な支援にはつながらなかった。それは、社会性の

低さや状況把握の困難さなどを背景とした、A児の自己理解の困難さによって支援が機能しなかったのではないかとスーパーバイザーから意見があった。つまり、A児が自身の状態を自己理解できていないがゆえに自身の困難さや思いを表明することができず、その結果として、これまで適切な支援につながらなかったと推測された。

⑽　**心理教育的アセスメントに基づく教育援助開始時の教育援助の方針と計画**

　上述の教育援助開始時に行った心理教育的アセスメントに基づき、以下のような仮説を立てた。

　　①A児に対して行ってきた支援が有効性を示さなかった要因として、A児自身がその支援を必要だと思わなかったからではないか。

　　②周囲の援助者が支援方法を提案するのではなく、A児自らが課題解決のための方略を考えていくことが必要ではないか。

　これらの仮説をもとに、援助目標とそれを達成するための援助計画を立案した。立案にあたり保護者と担任のそれぞれに説明をし、三者で情報共有するようにした。そして「A児が自身の特性や課題について認識し、自己理解を深める」ことと、「課題解決の方略を自分自身で考えられるようになる」ことを共通の目標にして、以下の方針で援助を進めることにした。

　　①実施方法を工夫することで、A児自身が自覚する困難感を把握する。

　　②A児の評価と他者からの評価を合わせて提示することで、A児自身と他者とで認識の差があることを知る。

　　③A児の課題を改善するための方略をA児と報告者が協力して考える。

⑾　**教育援助の経過の概要**

第Ⅰ期：自身の困難感を認識し、表明するための援助

　援助を行うにあたって、援助を行う目的や実施する内容に関する説明をA児に行った。具体的には、「自分の得意なこと、苦手なことを知っておくと、困ることがあった時に解決方法を考えやすくなるんだ。高校生になると困っ

たことに対して自分で考えて自分で解決しないといけないことも増えてくるから少しずつ練習していかないか」と尋ねると、しばらくの間沈黙していたものの、最後には「分かった」と援助を受けることを渋々ながら承諾した。

　初回面談では学校生活や自身の性格などを口頭で尋ねたが、回答をしなかった。本人が回答しやすい方法で質問を提示し、その回答を糸口に自己の振り返りを進める必要があるというスーパーバイザーからの助言をもとに、選択式の質問形式で自身が自覚する困難感について尋ねることにした。アセスメントの際に保護者に評価をしてもらった ASIST の特別な支援ニーズを評価する尺度を活用した。A児に回答を求める際には項目の意味内容が変わらないよう留意しながら中学生に理解可能な表現に変更した（以下、ASIST 自記式シート）。A児に ASIST 自記式シートへの回答を求めたところ、5分ほどで記入した。A児がよくあてはまると回答した項目は、「知らない場所、初めての活動がとても苦手である」など、3項目であった。また、少しあてはまると回答した項目は、「他人の話をさえぎって自分の話ばかりしてしまう」など、9項目であった。自身の特性について選択式で評価することについて、「文章を読んでから、今までの自分はどうだったか考えられるから答えやすかった」と話した。また、「意外と困っていることが多かった」と、自身の困難感についての認識を深めた。本人が評価した結果を保護者に伝えたところ、保護者からは、「普段からいろいろと質問しても『秘密』や『わからない』と言って、答えないことが多いため、回答できたことに驚いた」とのことだった。また、「これまでA児は自分の考えを話すことが少なかったので、初めての活動や人の多い場面などに苦手意識を持っているとは思わなかった」と語った。

第Ⅱ期：自分と他者との認識の差を知るための援助

　A児の ASIST 自記式シートへの回答をふまえて、具体的にどのような場面でそのように感じていたかを確認した。A児は、新奇場面や集団参加に対する苦手さについて、「やらないといけないことだからやってたけど、昔か

らそういうことは嫌だった」と話した。また、相手が嫌がっていることを繰り返し行うことや自分の話ばかりすることについては、「自分の好きなこととか気になることがあるとどうしても止められない」と話した。

　自己評価と他者評価に齟齬がみられる場合、評価の不一致を埋めるのではなく、評価の不一致があることを認識することが重要というスーパーバイズを受けたため、自己評価と他者評価に差がみられる項目に対するA児の認識について尋ねることにした。保護者や担任とA児との評価に齟齬がみられた項目は「忘れ物が多い」、「ボール運動または体全体を使う運動（縄跳びなど）がとても苦手である」であった。これらの項目について、保護者や担任が「よくあてはまる」と回答したことについてどのように思うかA児に尋ねると、「学校の持ち物の準備は母に言われてからやっているが、忘れ物はしていない」、「提出物を指定された時に提出できないことは多いが、学校に持っていっているからそれは忘れ物とは言わない」と語った。また、運動に関しては、「苦手だと思うが"とても"というほど苦手ではない」と語り、A児なりの解釈に基づいてASIST自記式シートに回答していることが明らかとなった。

　第Ⅱ期の最後に、なぜこれまでのように「秘密」や「ない」とは言わずに自分の気持ちを表現したかを尋ねたところ、「（項目に沿って考えられることで）何について言えばいいか考えやすかったから」と話してくれた。

第Ⅲ期：課題の解決方法を考えるための援助

　A児本人が取り組みやすい課題から解決方略を考えたほうが良いというスーパーバイズを受けたため、第Ⅲ期ではA児が「よくあてはまる」および「少しあてはまる」と回答した項目を一覧で示し、学校生活や日常生活で改善したい、あるいは改善できると思う事柄について順位付けをするよう求めた。すると、「よくあてはまる」と回答した項目には順位付けをせず、「少しあてはまる」と回答した項目に順位を付けていった。「よくあてはまる」と回答した項目に順位付けをしない理由を尋ねると、「なかなか直せないから

『よくあてはまる』にチェックを付けている。だから最初は『少しあてはまる』からやりたい」と、A児なりに改善できそうな項目から選んだことを説明した。

　A児が改善したい事柄の1位として挙げた「事前に注意されていても、聞いている時や課題の最中に他のことに注意がそれる」に関する解決方略を尋ねると、「『今はこれをやらないといけないから集中する』と思いながらやる」と提案した。また、周りの人からはどのような支援をしてもらいたいか尋ねると、「今までは、『今は何をする時間？』と言ってもらえると、やらなきゃいけないことに気づきやすかったから、そうやって言ってもらいたい」と説明するなど、これまで受けてきた支援の中で、自分に合っていたと考える方略を提案した。また、保護者が改善してほしいことに挙げた「他者の話をさえぎって自分の話ばかりしてしまう」に関する解決方略を尋ねると、「自分の好きなことだと話したい気持ちが止まらないから直すのは難しい。だから『今は僕が話しているから待って』って言う」と、その行動自体を改善することは難しいと自己評価したうえで、周りに働きかける方略を提案した。最後に、第Ⅲ期について振り返ってもらうと、具体的な行動について改善方法を考えるのは「クイズを解いているみたいで楽しい」、「自分がいいと思う方法を考えられるのがよかった」と話した。最後に援助のまとめとして、自ら解決方略を考えたことを評価するとともに、今後困難が生じた時に解決方略を自ら考えて、他者に援助要請をすることの重要性を伝えた。

学校場面への般化や援助終了後の評価

　高校1年の夏休みに、高校の担任と保護者、報告者との面談を行った。保護者からは、A児の入学後の様子として、各教科の提出課題の締切日・提出場所の一覧表を作成し、保護者に誇らしげに見せることがあったと報告された。担任からは、入学直後にA児から「僕は話したいことがあると止まらないので、その時は待っていてください」と自ら援助要請を行うことができた。そして、それに応えるように級友も常に気にかけてくれていると報告された。

また、提出物はほぼ期限内に提出できていることや委員会活動に立候補しクラスメイトの前で積極的に発言する様子などが語られた。

　担任や保護者と面談を行った日に、ASIST 自記式シートを A 児に改めて実施した。その結果、援助開始時には「あてはまらない」と回答していた「忘れ物が多い」は「少しあてはまる」と回答した。なぜそうに感じたか尋ねると、「お母さんから言われて、用意していないことに気がつくことがあるから」と語った。また、対人場面に関する項目に「あてはまらない」と回答したことについて尋ねると、「高校に入学して新しい友だちができたことや遠足、大学のオープンキャンパスに参加して、新しい人や場面を克服できるようになってきたから」と語った。

⑿　本ケースにおける教育実践についての学校心理学の観点からの考察

　自閉スペクトラム症児・者は相互調整や相互交渉に困難を示すため「自分は何者か」という問いへの答えを見つけることが容易ではない（滝吉・田中、2011）。しかし、青年期の発達障害児の支援を考える際には、対象者本人が自分の特性を理解し、自分自身にあった生き方を自己選択できるような教育的支援が必要である（小林、2015）。また、多面的な自己理解を促すために「他者から見た自分」について徐々に認識を深めていくことが期待されている（小島、2016）。

　本ケースでは、対象児自身が抱える困難感を明らかにし、他者との認識の差について気づけるよう支援した。そのうえで、自身の特性を認識し、解決方略を本人とともに考えていくという実践を行った。解決方略を検討する際に、どのような方略が効果的か、その方略は実際の学校場面で実施できそうかという点を含めて話し合った。その結果、A 児は今までを振り返って、自分に合っていたと思う方略を提案した。このことから本人も含めて解決方略を検討することは、本人にとって最適な支援を展開することにつながると考えられる。また、改善することが困難だと自己判断した課題については自らの行動を変えるのではなく周囲の環境に働きかける方略を提案した。菊池

（2007）は、発達障害児を取り巻く環境との相互作用に自ら主体的に関わっていくことを可能にすることこそ、彼らの自己を育む取り組みであると述べており、A児はまさに自身を取り巻く環境との相互作用に自ら主体的に関わっていったといえよう。

このように、自身の特性に関する自己理解を深め、課題解決力を高めるような援助をすることで、援助者が不在の場面においても対象児の変化や環境の変化を促す支援が可能になると考えられる。

⒀　教育援助の自己評価（自己点検）

援助開始前は、教師や保護者が必要だと考えている課題に対して支援を行ってきたが、A児の行動が改善されることはなかった。また、A児は自分自身について表明することはほとんどなかった。このような状況からA児が自身の考えを表明するようになり、課題の解決方略を実行するまでの報告者の援助について効果的であったと考えられる点について述べる。

第一に、A児の自己理解を促す支援を行ったことである。来談前のA児が提案された支援方法を実施しなかった背景として、A児自身はその支援を必要としていなかったのではないかと考えた。そのため、相談室へ来談することがA児自身にとって必要なことだと捉えられるよう、援助の目的に関する説明を丁寧に行った。その際に、ASIST自記式シートを活用してA児自身が自覚する困難感を明確にするよう支援を行った。そうすることで、A児と援助者間の援助の方向性に共通理解が得られ、A児が主体的に教育援助に参加することにつながったと考えられる。

第二に、A児への質問方法を工夫したことが挙げられる。A児は他者に自己開示することが極端に少なかった。そのため、A児自身の困難感を把握することが難しかった。そこで、「どんな」、「なぜ」といった開かれた質問形式ではなく、選択式でなおかつ具体的な行動の有無について評価するチェックシートへの回答を求めた。質問形式を変えることで、問われている内容が焦点化されて、容易に回答できるようになったと考えられる。それによって、

A児の困難感を明確にすることができた。

　第三に、A児自身が困難場面で解決方略を立てられるように援助を行ったことである。本ケースは学校外で行われた援助であり、学校内での般化につながる援助を行う必要があった。特定の困難場面に対して具体的な解決方略を提案するだけでは場当たり的な対応にしかならない。また、家庭では学校での出来事を話すことが少なく、思春期を迎えるとさらにA児の困難感を把握すること事態が難しくなると考えた。そのため、援助者が解決方略を提案するのではなく、解決方略を考える力を高めることで、自身で問題解決することにつながったと考えられる。

　　＊なお、本ケースレポートをまとめるにあたっては、保護者・学校から了解を得
　　　たうえで、個人情報保護に配慮し記載しています。

■解説

　本ケースレポートについて、①ケース、②援助方法、③学校場面への般化や援助終了後の評価を観点として解説する。

１．ケースについて：相談業務を行っていると、本ケースのように本人が自身の困難さを表明しないことがある。その背景として、①困難さなどを自己理解していない、②援助者からの尋ね方が本人に適していない、③困っていることを援助者も含めて、周囲に知られたくない、などが考えられる。本ケースレポートでは、①と②のケースへの援助過程をまとめている。

２．援助方法について：本ケースの援助方法としては、①自己の特性について評価するチェックシートの活用、②選択肢による質問の提示や質問項目の内容に基づく課題の明確化、③援助内容を対象児とともに検討、といった援助が挙げられる。対象児本人の自己理解を促し、本人と協働して支援方針を検討することで、納得できる方法を検討することが可能となった。また、本人と検討することで、自分自身で取り組む意識につながったと考えられる。

３．学校場面への般化や援助終了後の評価について：「個人やグループに対

する学校外での継続的な指導・援助」の場合、外部機関での指導・援助だけで完結するのではなく、その指導・援助が学校適応につながる必要がある。本ケースは相談室内の行動変容のみを対象とするのではなく、援助終了後の学校場面における行動の変容に焦点をあてて評価を行うことで、学校での般化が促されたかを検討していったケースである。

■key word

(1)　ASIST 学校適応スキルプロフィール

　教師や保護者などの他者が評定する学校への適応状況を把握する適応行動尺度である。

(2)　自己理解

　他者との関係性の中で促進されるため、自分にとって重要な他者の意識や理解が重要となる。

(3)　般化

　ある場面で学習したスキルが他の場面でも発揮できるようになること。般化を促すためには本人を取り巻く環境へ働きかけることも重要となる。

（熊谷　亮・霜田浩信）

第5章　ケースレポートの書き方と評価

1．ケースレポートを書く際のポイント

　本節では、架空のケースレポートについてコメントを加えながら、ケースレポート執筆時に留意すべき点について解説する。コメントは吹き出し（⭤）内に示してある[1]。なお、以下のケースレポート例の内容は実践例そのままではなく、簡略化してある。

　それでは、学校心理士資格申請年度の「手引き及び申請書」に示されている項目にそってケースレポートをみていこう。

⑴　テーマ

　⑧個人やグループに対する学校外での継続的な指導・援助

⑵　表題

　説明活動を通して意味理解重視志向の弱い児童の学習観の変容を促した個別学習支援

> 　表題は、ケースレポートの内容に即している必要がある。どのような対象者にどのような援助を行ったのか具体的に示す。「⑴　テーマ」で選択した領域とケースレポートの内容の対応を明確にした上で、学校心理士としての力量を示す、援助のアピールポイントが伝わる表題が良い。
> 　×良くない例：算数が苦手な児童への支援（援助の中身が伝わらない）
> ＜チェックポイント＞
> □　援助の対象者が表題に明記されているか？
> □　どのような援助なのか、援助の内容が表題に明記されているか？
> □　表題から、援助の内容がどの申請領域と対応しているか分かるか？

---

[1]　ケースレポートの各項目で記載すべき事柄や、書式等の決まりについては、「学校心理学ガイドブック」や学校心理士資格申請年度の「手引き及び申請書」を参照してほしい。

(3) **報告者氏名**

〇〇〇〇

(4) **報告者の立場**

＊＊大学の支援センターの支援員

(5) **教育援助の対象者**

A男（小学5年生男子）。両親と弟（小学3年生）の4人家族。

> 対象者がどのような個人・集団かを示す。性別、年齢、学年、家族構成などのほか、障害の情報や特別支援学級に在籍の場合はその情報も明記する。なお、プライバシー保護のため、対象者の氏名やイニシャル、援助の場所など具体的な名称は用いない。プライバシーにかかわる情報は「A児」「B小学校」のように出た順にアルファベットを割り振ったり、「＊＊大学」のように記号をあてたりして記載する。
>
> ＜チェックポイント＞
> □　対象者の情報が不足なく示されているか？
> □　氏名や具体的な名称は使わず、プライバシーに配慮した表記か？

(6) **教育援助を行った機関、施設、場所**

＊＊大学内の相談室

(7) **期間**

20××年××月××日より20××年××月××日まで、毎週水曜日17時30分から、1回1時間計8回にわたり実施した。

(8) **教育援助開始時における対象者の問題の概要**

A男は4年生までは成績も特に悪くなかったものの、5年生に進級後、成績が悪化し登校をしぶるようになった。特に算数が苦手で、意味を考えずに適当に解いているため、最近あった小数のわり算のテストは0点だったということだった。心配したA男の母親から＊＊大学の支援センターに電話で相談依頼があり、支援員である報告者が担当することとなった。

ケースレポートは援助が終結した後にまとめるものであるため、考察以外は基本的には過去形で記載する。

⑼　**教育援助開始時における、対象者、学校、学級そして家族の環境などについての心理教育的アセスメントの焦点、方法と結果**

　A男とクラスメイトや家族の関係は良好であり、問題があると考えられた学習面やそれに伴う心理面に焦点をあててアセスメントを行った。A男の学習面や心理面における問題を明らかにするために面接を実施した。A男との面接においては、5年生になってから特に算数の授業内容が理解できなくなり、授業についていけなくなったりテストで思うように点数が取れなくなったりしたことで学校に行くのが嫌になったとの話があった。

　A男の算数の問題への取り組み方を明らかにするために、教科書にある小数の割り算の文章題を解いてもらった。A男は「割り算の単元だから割り算で、大きい数字を小さい数字で割る」という理由で立式を行い、筆算を行う際には「先生に小数点を動かすって言われた」と言いながら解いていた。

　A男の母親にも話を聴いたところ、A男はいつも適当に問題を解いており、問題文で求められていることをきちんと把握する理解力がないのではないかと考えているとのことだった。

　心理教育的アセスメントの焦点およびアセスメントの方法と結果を具体的に明示する。その際、客観的な出来事・事実と、報告者の主観は区別する。問題を挙げる際には、どこからその問題を見出したのか、根拠を示す。アセスメントは一つの側面に偏らず、学校生活全体にわたって適切な手法で行われていなければならない。

＜チェックポイント＞
☐　アセスメントの焦点、方法、結果がそれぞれ明示されているか？
☐　学校生活全体にわたって偏りなくアセスメントが行われているか？　また、その方法も偏りなく多角的になされているか？

> □　アセスメントの結果を記載する際には、情報源（誰から・どのようなアセス
> 　　メントで得た情報か）が明記されているか？
> □　事実と報告者の主観が区別されているか？

　以上の心理教育的アセスメントから、Ａ男が登校をしぶるようになったこ
との原因は、学業不振と学習に対する自己効力感の低さであり、それらの背
景には、学習内容の意味を重視することなく手続き的に解ければよいと考え
ているという学習に対する考え方（学習観）の問題があると考えられた。

> 　領域横断的な仮説や、複数の観点のアセスメントの結果から総合的に読み取れ
> ることをまとめる。

⑽　**心理教育的アセスメントに基づく教育援助開始時の教育援助の方針と計**
　　画

　心理教育的アセスメントの結果をスーパーバイザーと共有し、教育援助の
方針と計画について、意味理解の重要性を教示するだけでなく、Ａ男が意味
理解に注意を向け、かつ意味理解を促進できるような活動を取り入れるよう
助言を受けた。この助言を踏まえ、「説明活動を通して算数に対する意味理
解を促し、意味を理解しながら学習に取り組むことで問題が解けるようにな
り、自己効力感を高める」ことを方針とし、以下のような計画を立てた。

> 　ケースにおいてどのようなスーパービジョンを受けたのか、明確にする。
> ＜チェックポイント＞
> □　心理教育的アセスメントや教育援助の内容について、スーパービジョンの結
> 　　果を明記しているか？

　教育援助の前半（第Ⅰ期）では、小数の割り算の筆算を題材とする。筆算
手続きの意味を考えながら計算する活動や、Ａ男自らの言葉で手続きの意味
を説明する活動を行うことで、意味理解の有効性を認識させる。

　教育援助の後半（第Ⅱ期）では、小数の割り算の文章題を題材とする。文章題に出てくる数字の関係性を図示して説明する活動を行うことで、意味理解の促進を図るとともに、自発的に意味を考えるようになることを目指す。

　　教育援助の方針では、アセスメントの結果と対応した教育援助の目的や意図（なぜその援助方針を立てたのか）を示す。また、援助計画についても、方針に沿いどのような援助を計画したのか記述する。
　＜チェックポイント＞
　□　援助方針の理由が、アセスメントの結果と対応して示されているか？
　□　援助計画が、援助方針に沿って示されているか？

⑾　**教育援助の経過の概要**
第Ⅰ期：計算手続きにおける意味理解の獲得と有効性の認知を目的とした援助（第2回〜第4回学習支援）

　　教育援助の経過の概要を示す際には、援助計画に基づいて、援助の段階ごとに見出しをつけてまとめると読みやすい。援助段階の見出しは、表題と同様に援助の内容が端的に表れたものが良い。読み手（援助者の仲間）に伝わりやすいものになっているかよく検討する。
　　各段階での教育援助について、援助の内容（援助方針に従ってどのような援助を行ったか）、援助の結果（その援助で対象者やその周囲の環境はどうなったか）を対応させながらまとめる。提供した援助内容だけ、または対象者の様子だけを記述したレポートは不十分である。また、チーム援助で援助者が複数いる場合は、誰が、どの援助活動を行ったかを明確にする。さらに各段階の短期的な評価についても記述し、対象者に起こった変化やその原因、その期間でまだ不十分なこと（残った課題）などを示すと良い。対象者の状況の変化等によって以後の援助方針や計画を修正した場合は、その修正についても記述する。ただ援助の様子を断片的に示すだけで終えないのが、良い「教育援助の経過の概要」のポイントである。
　＜チェックポイント＞
　□　教育援助の段階ごとに、その段階の援助内容が端的に表現された見出しをつ

けてまとめられているか？
□　教育援助の内容とその結果が明記されており、どのような援助でどのような変化がもたらされたか、経緯が具体的に分かるか？

　第Ⅰ期の初めに、Ａ男と「学習支援を通して『なんで？』を考えながら勉強できるようになろう」という目標を共有した。また、「なんで？」を理解したつもりでも、説明ができなければ本当に理解した状態であるとは言えないため、考え方や意味を説明できるようになることが重要であると教示した。
　第Ⅰ期では小数の割り算の筆算を題材とした。第3回学習支援における、小数点を動かして計算するという筆算手続きの意味理解を目的としたＡ男と支援員の発話内容を図5-1に示す。

支援員	：Ａ君さ、これ小数点を動かすって言ってたけど、なんで動かすのかって分かる？
Ａ男	：分かんない。先生が動かすって言ってた。
支援員	：じゃあ一緒に考えていこうか。小数で割る計算は、小数のままだと計算が難しいよね？　なので、小数を整数に直してから計算するんだ。例えば、4÷0.5だったら、0.5を10倍すると整数の5になるよね。小数点を動かすっていうのは、実はこういう風に整数にするってことなんだ。でもこの時、割る数を整数にするために10倍したなら、割られる数もそれに合わせて10倍しなきゃ駄目なのね。なんでかっていうと、例えば、10÷5の答えって何だっけ？（ノートに式を書く）
Ａ男	：2！
支援員	：そうだね。じゃあ、小数の割り算みたいに割る数の5を10倍して、10÷50にすると答えは？
Ａ男	：（筆算した後に）0.2
支援員	：正解！　10÷5と、10÷50では答えが違うよね？　こんな風に割る数だけを10倍しちゃうと答えが変わっちゃうんだ。じゃあ、割られる数も10倍して100÷50だとどうかな？
Ａ男	：2だから答えが同じになった。
支援員	：そうだね。割る数を10倍して整数に直すなら、割られる数も10倍しないと答えが変わっちゃうから、両方を10倍するんだね。小数の割り算でなんで小数

点を移動するか分かったかな？　説明してみて。

A男　：割る数が小数だと難しいから、動かして整数に直す。で、こっちの方（割られる数）も10倍だったら10倍にしないと答えが変わっちゃうから同じだけ動かす。

図5-1　小数の割り算の筆算手続きにおける意味理解を促した支援の発話

　援助中の情報をより分かりやすく読み手に示す効果的な手段として、図表を活用すると良い。ここでは、報告者と対象者の発話（逐語録）を示している。その際、すべての記録を図表として示すのではなく、特に援助の成果が端的に現れている印象的な場面を取り上げ、ポイントを絞って示すと良い。

　上記のような学習支援を通し、A男は「とりあえず小数点を動かすみたいなやり方を覚えるだけだと駄目で、なんでそうするか分かんないと説明できないと思った」と話すようになり、意味理解の有効性を認知し始めたようであった。

　しかしながら、支援員が声掛けを行わないと意味に着目できないといった、自発的に意味理解を行えないという課題が残った。特に、小数の文章題では文章題が表す状況の意味理解が欠如したままで問題を解こうとするというつまずきが見られた。第Ⅰ期の状況をスーパーバイザーと共有し、文章題で示されている問題の状況の意味理解を行うために、図の活用を支援してはどうかという助言を受けた。

（小澤郁美・柏原志保・岡　直樹）

第Ⅱ期：図の活用による文章題の意味理解の促進と、自発的な意味理解を目的とした援助（第5回〜第8回学習支援）

　第5回支援の冒頭で、「なんで？」を考えて勉強することは、小数の割り算の計算以外にも適用できることを説明した。その後、小数の割り算の文章題（図5-2）を出題したところ、A男は当初図をかかず、4.8÷1.2と立式し

た。A男は筆算の手続きやその意味は説明できるものの、立式の理由については説明ができなかった。そこで、図で文章題の状況を表すことを提案し、数量の意味やその関係性を確認しながら次のような図をかいた（図5-2）。

【問題】　長さ4.8m、重さ1.2kgのパイプがあります。このパイプ1mの重さは、何kgですか。

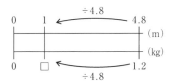

図 5-2　出題した小数の割り算の文章題と、A男と一緒にかいた図

　その後、図をかいて文章題の状況を整理すると考え方も説明できること、それが文章題の意味を理解することだと教示した。A男は「いつも適当に答えっぽい式にしてたけど、図にかいたら、なんで1.2÷4.8で良いのか説明できる」と話し、文章題でも意味理解の重要性を認識した様子だった。

　第5回支援以降、自発的に意味を考えるようになるため、およびA男の保護者にも効果的に関わってもらうために、母親にも意味理解の効果と良い説明活動を解説し、家庭でも問題解決時に「なんで？」を母親に説明させる活動を取り入れた。A男は小数の割り算以外の問題でも意欲的に意味を説明しようとするようになり、第7回支援時には、自発的に意味理解を踏まえた説明を行うようになった。

　第8回支援後には、A男の母親から、最近のA男は授業が分かり発表もできると嬉しそうで登校しぶりがなくなったこと、家庭学習でも「答えは出たけどなんでこうなるかが説明できないから教えて」と母親に尋ねたり、弟の宿題を手伝う際に考え方を説明したりしていることが報告された。

⑿　**本ケースにおける教育援助の実践についての学校心理学の観点からの考察**

　登校しぶりや不登校は、子どもが学校での困り感を表現する一つの形である（五十嵐、2018）。不登校に関する教育援助では、現在不登校の子どもに対

する三次的援助サービスとともに、「不登校になりかかっている」状態の子どもを早期発見し援助する二次的援助サービスも重要である。

　本ケースで取り上げたA男は、5年生に進級後、学習上の不適応が顕在化し登校をしぶっている状況にあった。学習上の不適応の原因を検討する際には、学習方法や学習観に注目する必要がある（植阪、2011）。アセスメントの結果、A男は、学習で重要なことは解き方や知識の暗記だと捉え、それらの意味理解が不足していたために、解き方や知識をうまく使えず問題が解けない様子であった。したがって、意味理解の重要性を伝える援助によって知識の理解に重点を置くよう変化したことで、学習行動の変容や学業成績および学習に対する自己効力感の改善に繋がったと考えられる。

　また、説明活動を取り入れたことも、援助の成果に繋がったと考えられる。認知心理学や教育心理学では、説明活動が学習にとって有効であり、特に問題状況の理解や自身の理解状態の把握を促進する効果があることが示唆されている（深谷、2011）。本ケースのA男は、問題解決時に「なんで？」を支援員である報告者や母親に説明することで問題状況を理解したり、説明の出来によってA男自身が実際どの程度理解できているのかメタ的な気付きを得たりしていたと考えられる。

　　本ケースでなぜそのような教育援助を実践したのか、実践の根拠となった理論や先行研究、モデルを示す。その際、学校心理学に関連する文献を引用することが望ましい。その上で、それらの知見に基づき、本ケースの教育援助において何が対象者の変化をもたらしたのか、学校心理学の観点からメカニズムを理論的に考察する。教育援助の実践について振り返り、学術的な観点から考察を行うことは、ケースから得た知識や体験の一般化を行い学校心理士としての力量を高める上でも重要である。

＜チェックポイント＞
□　教育援助が、どのような知見（理論、先行研究、モデルなど）に基づき実践されていたのか、根拠を明記しているか？
□　援助対象者本人の変化や、対象者の周辺の環境の変化について考察している

> か？
> □　先行研究などの知見に基づき、教育援助を通して対象者が変化した理由を理論的に考察しているか？
> □　教育援助の内容や方法について、ミクロな援助の効果だけでなく、援助全体を通した目的に沿った総合的な援助の効果についても考察しているか？
> □　本ケースが持つ学術的な意義（本ケースから示唆されること、学校心理学への貢献）について述べられているか？

⒀　教育援助の自己評価（自己点検）

　援助開始時のＡ男は、学業不振や自己効力感の低下から登校をしぶっている状態だった。教育援助の結果、学習成績が向上し、登校しぶりは解消された。本ケースの援助で効果的だったと考えられる点を２つ挙げる。

　第一に、意味理解に着目した援助を行った点である。援助終了時のＡ男との面接で、「これまではやり方を覚えていて上手くできなかったけれど、なんでそうなるかとか、『なんで？』を説明してみると勉強が分かるようになった」という発話が得られた。Ａ男の母親からも、Ａ男が解答だけでなくなぜそうなるかを気にするようになり意欲的に勉強に取り組んでいる様子が報告されており、意味理解を重視することで学習が促進され、自己効力感が高まった様子がうかがえた。学業不振に起因する登校しぶりへの対応として、単に解き方を教えるのではなく、問題の背景にある学習観や学習方法に焦点を当てて援助したことが成果の要因であると考えられる。

　第二に、保護者にも働きかけた点である。…（中略）

　本ケースについて、スーパーバイザーと振り返りを行った。その際、本ケースは学校外の機関が主体となって援助が行われており、学校組織と連携することでより効果的な援助の可能性があったことが見出された。本ケースにおいては、学校での学習時に意味理解志向や図の利用が自発的に行えるようになったかが不明瞭であり、学校への働きかけが今後の課題である。

　　行った教育援助に対する自己評価を、自己評価の方法や結果を交えて述べる。
援助開始時や後から修正した教育援助の方針・計画が妥当だったか、教育援助を
行うことで対象者やその周囲の環境（教師、保護者、学校など）がどのように変
化・成長したか、何が援助できて何ができなかったのか、自身の教育援助につい
て評価を行う。その際、客観的な視点から評価を行い、評価の方法（どのような
観点・材料から評価を行ったか）も示す。

＜チェックポイント＞

□　援助開始時から終了時までの、援助による対象者やその周囲の変化に基づい
　て評価を行えているか？

□　対象者や周囲の環境の変化を多面的に捉えられているか？

□　援助できたこと（成果）・できなかったこと（改善点）が述べられている
　か？

□　自己評価の方法と結果が明記されているか？

引用文献

深谷達史　2011　学習内容の説明が文章表象とモニタリングに及ぼす影響
　心理学評論，54(2)，179-196.

植阪友理　2011　学習上のつまずきと認知カウンセリング　伊藤亜矢子(編
　著)　エピソードでつかむ児童心理学　ミネルヴァ書房　pp. 149-161.

五十嵐哲也　2018　教師による「不登校」の子どもの援助　水野治久・家近
　早苗・石隈利紀(編)　チーム学校での効果的な援助—学校心理学の最前線—
　ナカニシヤ出版　pp. 104-113.

文献の探し方について

　ケースレポートでは、学校心理学の諸領域の知識や研究成果に基づき自身の実
践を考察する。学校心理学ガイドブック第4版でも、「ケースレポートを私的な
体験にとどまらせることなく、理論や、他の研究や報告と関連づけ、その位置づ
けや意味を明確にすることは、ケースから得た知識や体験の一般化にとって重要
である（p. 232)」と述べられている。ここでは、考察の根拠となる文献の探し

方について説明する。

①**文献検索システムを活用する**　例えば、CiNii（日本語文献のみ）、Google Scholar や Web of Science などの検索システムを使って、キーワードや著者名等で検索できる。

②**文献の「引用文献」リストを参照する・総説（Review）論文を読む**　関連する文献の「引用文献」リストを参照して、自分が引用した文献が引用している文献をさかのぼっていくのも手である。ただし、その際「孫引き」（ある文献で引用されていた文献を、自分で原典を確認することなくそのまま引用すること）は原則行わない。原典を確認せずにそのまま引用してしまうことは、引用する内容に関する責任の所在を不明瞭にしてしまうからである。

なお、引用する文献は書籍や論文であれば何でも良い訳ではなく、内容を吟味しなければならない。したがって、信頼できる文献を見つける必要がある。どれを読むか迷った際には、論文なら査読（Peer-review）を受けたかどうかを一つの基準にすることができる。査読とは、その論文が掲載できるレベルかを他の研究者がチェックすることであり、その分質が担保されやすい。その他、論文の被引用数（出版以降他の論文で引用された回数）や雑誌の質を確認することも有効である。いずれにせよ、著者自身の責任において、内容を吟味した上で引用する文献を決定する。

引用文献の形式について

レポートの最後に、本文中で引用した文献を過不足なく引用文献リストとして挙げる。特に、編集書などの書籍を引用する時には、どの章から引用したのか、特定章の著者名と章タイトルも分かる形で引用すること。ここで示したレポート例では、植阪（2011）・五十嵐（2018）は特定章からの引用である。

学校心理士認定のためのケースレポートにおける引用文献の書き方については明示的な指定はないが、「日本心理学会執筆・投稿のてびき」などの、関連分野の規定が参考になるだろう。

（柏原志保・小澤郁美・岡　直樹）

２．実践者の振り返りと省察のあり方

　今日ではあり得ないことであるが、かつて「事例研究」と「事例報告」が区別されることが教育現場においてあった。臨床心理学等の知見やデータ等に基づき厳密な構成と内容を有するものを「事例研究」と呼び（その検討の場を事例研究会）、教師等が一般的に職務で行う実践的な総括等は単純な「事例報告」とされた（その検討の場を事例報告会）。

　「なぜこの人が、この子が、ケースとして浮かんでくるのかを、そのひと、その子の置かれた状況との関係でとらえる視点（事例性 caseness）」（山本、1986）も強調されていなかったわけではない。それでも事例 case というと、心理臨床に基づく特有・固有の個別「事例」が中心にあったことは間違いない。さらに今日においては、data に基づく evidence（実証的科学的方法）が求められ、教育実践において EBP（エビデンスに基づく実践）が叫ばれている。こうした立論は決して間違いではないが、実践者サイドから見れば、よく言って隔靴掻痒、抑制的な言い方では迂遠な方法という評価が出てこないわけではない。そもそも実践あるいはそれを提示するとはどのようなことかが問われている。

　少なくとも実践を提示するとは、事例 case を提示することと全く一致するわけではない。実践提示とは個々のケースそれ自体（個人やグループ等の個別事例もあるし、クラス集団や学校、さらに地域全体等が対象になる）を含むことは当然である。事例生起の現実状況の中で実践担当者がどのような考え方（仮説あるいは理論）の下で何を意図し、何をしたか。さらにそこから学んだこと等を総括した上で実践場面の全体や構造を（再）把握（定義）したり、さまざまなスキルやレパートリー等を（再）検証する。こうした循環的なアクションリサーチ action research を提示することこそ「実践」の提示である（大野、2017：ドナルド・A. ショーンおよび佐藤学らの立論をまとめた）。

　佐藤学氏は、実践のもつ「理論」創造的な本質について次のように 3 類型にまとめることで、実践のもつ意味や意義、その本質をさらに明確にしてい

る（佐藤、1998）。ここでは「理論」とは何かを再定義しなければならないが、当面は通常の「理論」theory に加えて、「枠組み」frame や「全体構図」design、「見通し」insight 等を含むものと考えられる。

実践とは単純に科学的原理や技術の適用 theory into practice ではないし、またすぐれた実践には一定の原理と法則が埋め込まれていると想定し、その原理と法則を抽出して適用する theory through practice ものでもない。実践者が現段階で有する知識や経験、スキル等の総力を結集し、錯綜した複雑な実践場面と対決し confrontation、そこから解決すべき方向性と（仮の）一般準則をつかみ出すのである（theory in practice）。ここに省察（reflection）の重要性がある。実践者としての教師は、日々行う実践を振り返り、実践によって課題や問題を切り拓き、さらに調整をしながら循環的に現実に対応しているからである。

ショーン（Schön, D.A.）は省察的実践者 reflective Practitioner（1983）について以下のように論じている。

「未知の状況にもち込むレパートリーの幅と多様性」において優れている実践家は、このレパートリーを使うことで「固有の状況に関連する過去の経験を持ちこ」み、「未知の状況を既知の状況と見なし、既知の状況でおこなったことがあるとしながら未知の状況の中でおこう」（訳書158-159頁）、あるいは「未知の問題のモデルを既知の問題からモデル化することを学び、知覚してはいるがまだ表現していない類似性を省察することによって新たな理論を組み立てる」（訳書216頁）のである。ただしここには「厳密性に関する固有の規範」（訳書169頁）がある。問題解決の「ひとつの手立てが、意図したとおりにならず、全体として望ましくないと考えられる結果を生み出すとき、探求者はその手立てに内在している理論を表面に出し、それを批判し、再設定し、その理論と一致する手立てを作り出すことによって新たな理論を試す」ので、探究においては「変化への関心が優先され、それゆえに、（望ましいと考えられる変化として—大野）肯定 affirmation の論理が（確証 confirmation の論理に―大野）優先されるのである」（訳書172頁）

　なお、こうした内容を実践として提示（記載）する場合には、ジオルジ（Giorgi、2009）の叙述現象学的方法 descriptive phenomenological method が最適であると思われる。またシーナ・アイエンガー（Sheena Iyenga、2010）が言うように、その時々に「自分が行った選択」「そうするにいたった思考プロセス」「判断に用いた情報」を書き、その結果の判断について「結果を自分で評価」「なぜ、うまくいったか、いかなかったを考える」「選択」（決断）をそのままにしておかずに、書き留め、その結果を折にふれて評価し、反復する必要である。「自分が行った選択」「そうするにいたった思考プロセス」「判断に用いた情報」を書き、その結果の判断について「結果を自分で評価」「なぜ、うまくいったか、いかなかったかを考える」ことが重要となる。

　実践家固有の振り返りと省察を今後も継続していただきたいと念じている。

■重要用語
⑴　「省察的実践者」については、大野精一　2012　書評 Donald A. Schön 1983 The Reflective Practitioner: How Professionals Think In Action. 教育総合研究第5号　日本教育大学院大学研究紀要　93-98. を参照。
⑵　「叙述現象学的方法」については、大野精一　2017　書評 Amendeo Girorg 2009 The Descriptive Phenomenonological Method in Psychology. 教育総合研究第10号　日本教育大学院大学研究紀要　129-134. を参照。

■調べよう・深めよう！
⑴　EBM（evidence-based medicine 実証に基づく医療）と NBM（narrative-based medicine 患者やその家族との会話を重視する医療）についても調べてみよう。
⑵　事例 case と事例性 caseness との違いについて理解を深めよう。

（長谷部比呂美・大野精一）

3．ケースレポートの評価

　作成されたケースレポートについて、表5-1の評価のポイントにもとづき、複数の審査者によって評価され、十分な水準にあるか不十分かが判定される。

表5-1　ケースレポート評価のポイント（学校心理士認定運営機構、2020）

テーマと対象
・援助サービスの実践が5年以内である。 ・テーマや教育援助を行った機関は、類型と呼応することが望ましい。
アセスメントと方針
・学校生活に関わることが望ましい。 ・観察結果、聞き取りの結果、検査結果などのデータ（資料）がきちんと整理されて記述されている。 ・アセスメントの分析やまとめが適切である。 ・方針がアセスメントに基づいて立てられている。
教育援助の経過
・時間軸も尊重しながら、経過が書かれている。 ・「援助方針にしたがって、どんな援助を行ったか」「その結果子どもはどうなったか」についてまとめる。子どもの様子だけを記述するもの、保護者や子どもの会話だけを記述するものは、弱いレポートである。 ・必要に応じて「そして子どもの状況の変化による援助方針等の修正」について記述する。 ・援助サービスが援助チームによって行われている場合は、申請者が行った関わりが明確に示されている必要がある。
教育援助の自己評価
・今回どのような援助サービスを行えたのかについて、できたこと、できなかったことを記述する。「子どもの変化」「教師・保護者の変化」「学校の変化」などについての視点があることが望ましい。
教育実践についての考察
・今回の援助サービスをデータ（資料）として、学校心理学に関わる考察を行う。 ・自己評価の続きではない。 ・学校心理学に関連する引用文献があることが望ましい。
その他
・レポートの形式にしたがっている。 ・スーパービジョンを受けたことを示す箇所が、レポートにある。 ・全体的に援助サービスのレベルが、ある程度の基準に達している。

　まず、ケースレポートを作成する前に、レポートの構成を考えながら表の各項目について確認しておきましょう。そして、レポートを提出する前にも、次の「レポート提出前の4つのチェックポイント」とあわせ、審査者になったつもりで自己評価し、点検しておく。審査の結果、もし不十分と判定された場合には、学校心理士資格認定審査結果の通知書のケースレポート判定結果に不十分だった箇所が示される。

■レポート提出前の4つのチェックポイント

1．レポートに定められている書式（横40字×縦25行で横書き、ページ下部にページ番号を記入）になっているか、文体は「である調」を使い、図表や引用文献の全てを含めて10ページとなっているか確認する。
2．レポートを構成する13項目が、順序通りもれなく記述されているかどうか確認する。
3．教育援助の対象者のプライバシーを尊重し、教育援助を行った機関、施設、場所が具体的に特定できないように記述しているか確認する。
4．教育援助の経過で、スーパーバイザーの意見をどのように支援に生かしたのか、時系列に沿って具体的に明確に記述しているか確認する。

■調べよう・深めよう！

⑴　学校心理学の研究を調べてみよう
　学校心理学の研究は、いろいろな研究雑誌や単行本に見つけることができる。日本学校心理士会のホームページからは、「日本学校心理士会年報」の論文を閲覧できる。また、日本学校心理学会のホームページでは、「学校心理学研究」に掲載された論文の目次が閲覧できる。
⑵　引用文献の書き方
　本文中に引用する際には、レポート本文中の引用箇所に、石隈（2020）は、○○と指摘している、または、引用文の最後に（石隈、2020）と、著者名と

年号を記入する。そして、引用文献欄には、石隈利紀　2020　文献名　出版社名（雑誌名、ページ数）のように、本文と対応させて筆者名の五十音順にならべる。

（瀧野揚三）

引 用 文 献

相川　充　2009　新版 人づきあいの技術―ソーシャルスキルの心理学―　サイエンス社

馬場育実　2013　大規模小学校において学校適応に課題を抱える児童に対する組織的チーム援助の構築に関する研究　福岡教育大学大学院教職実践専攻年報，3，175-182．

馬場禮子他　2001　シンポジウム　心理臨床の専門性とスーパーヴィジョン　鑪幹八郎・滝口俊子（編）　スーパーヴィジョンを考える　誠信書房　pp. 135-188．

Bernard, J.M., & Goodyear, R.K. 2009 *Fundamentals of Clinical Supervision*, 5th ed. Pearson Education.

藤本　学　2009　学級集団のソシオメトリック構造を解き明かすCLASS　久留米大学心理学研究，8，1-14．

藤島吉嗣・樋口匡貴　2016　社会心理学における"p-hacking"の実践例　心理学評論，59(1)，84-97．

福岡県教育委員会・福岡県教育センター　2017　インクルーシブ教育システムの構築に向けた特別支援教育の充実

学校心理士資格認定委員会（編）　2012　学校心理学ガイドブック　第3版　風間書房

学校心理士認定運営機構（編）　2020　学校心理学ガイドブック　第4版　風間書房

Giorgi, A. 2009 *The descriptive phenomenological method in psychology: A modified Husserlian approach*. UA: Duquesne University Press.（吉田章宏（訳）　2013　心理学における現象学的アプローチ―理論・歴史・方法・実践―　新曜社）

後藤雅博　1998　家族教室のすすめ方―心理教育的アプローチによる家族援助の実際　金剛出版

橋本創一・熊谷　亮・大伴　潔・林安紀子・菅野　敦　2014　特別支援教育・教育相談・障害者支援のために ASIST 学校適応スキルプロフィール―適応スキル・支援ニーズのアセスメントと支援目標の立案―　福村出版

平木典子　2017　心理臨床スーパーヴィジョン　金剛出版

Holloway, E.L. 1995 *Clinical supervision: a systems approach*. SAGE Publications.

家近早苗・小泉令三　2020　学校心理学に基づくケースレポートの書き方　学校心理士認定運営機構（編）　学校心理学ガイドブック　第4版　風間書房　pp. 225-243．

家近早苗・石隈利紀　2003　中学校における援助サービスのコーディネーション委員会に関する研究　教育心理学研究, 51(2), 230-238.

一丸藤太郎　2003　臨床心理実習1―スーパーヴィジョン　下山晴彦(編)　臨床心理学全集第4巻　臨床心理実習論　誠信書房　pp. 325-367.

今田里佳　1998　効果的な援助のためのチームづくり―コンサルテーション　高野清純・渡辺弥生(編著)　スクールカウンセラーと学校心理学　教育出版　pp. 143-168.

石隈利紀　1999　学校心理学―教師・スクールカウンセラー・保護者のチームによる心理教育的援助サービス―　誠信書房

石隈利紀　2004　ケースレポートの書き方　学会連合資格「学校心理士」認定運営機構(企画・監修)　石隈利紀・玉瀬耕治・緒方明子・永松裕希(編)　講座「学校心理士―理論と実践」2　学校心理士による心理教育的援助サービス　北大路書房　pp. 257-269.

石隈利紀・田村節子　2003　石隈・田村式援助シートによるチーム援助入門　学校心理学・実践編　図書文化

一般財団法人日本心理研修センター(監修)　2018　公認心理師現認者講習会テキスト　金剛出版

Iyengar, S. 2010 *The Choice Diary.* (櫻井祐子(訳)　2012　選択日記　文藝春秋)

金沢吉展　2006　臨床心理学の倫理を学ぶ　東京大学出版会

菊池章夫　2007　社会的スキルを測る：KiSS-18ハンドブック　川島書店

菊池哲平　2007　関係性を基盤にした発達障害のある子どもの自己を育む教育・支援　田中道治・都築　学・別府　哲・小島道生(編)　発達障害のある子どもの自己を育てる　ナカニシヤ出版　pp. 172-185.

King-Sears, M.E., & Carpenter, S.L. 1997 *Teaching Self-Management to Elementary Students with Developmental Disabilities.* The American Association on Mental Retardation. (三田地真実(訳)　2005　ステップ式で考えるセルフマネージメントの指導　学苑社)

小林　真　2015　発達障害のある青年への支援に関する諸問題　教育心理学年報, 54, 102-111.

小島道生　2016　障害のある子の自己理解―発達障害児の豊かな自己理解を育てる―　発達障害研究, 38, 49-53.

公益社団法人日本心理学会倫理委員会(編)　2011　公益社団法人日本心理学会倫理規程　金子書房

松浦　宏　2004　学校心理士と倫理　学会連合資格「学校心理士」認定運営機構(企画・監修)　松浦　宏・新井邦二郎・市川伸一・杉浦一昭・堅田明義・田島信元(編)　講座「学校心理士―理論と実践」1　学校心理士と学校心理学　北大路書房　pp. 258-262.

文部科学省　2003　今後の特別支援教育の在り方について（最終報告）

文部科学省　2007　特別支援教育の推進について（通知）

文部科学省　2017　発達障害を含む障害のある幼児児童生徒に対する教育支援体制整備ガイドライン

文部科学省　2019　平成30年度児童生徒の問題行動・不登校等生徒指導上の諸課題に関する調査結果

文部科学省　2020　初めて通級による指導を担当する教師のためのガイド

村本浄司・園山繁樹　2009　発達障害児者の行動問題に対する代替行動の形成に関する文献的検討　行動分析学研究, 23, 126-142.

西園昌久　1994　スーパーヴィジョン論　精神療法, 20(1), 3-10.

野島一彦　2001　グループ・スーパーヴィジョンの効用と問題点　鑪幹八郎・滝口俊子(編)　スーパーヴィジョンを考える　誠信書房　pp. 87-95.

大堀彰子　2019　保育カウンセリング　平木典子・藤田博康(編)　キーワードコレクション　カウンセリング心理学　新曜社　pp. 148-151.

大野精一(編著)　2017　教師・保育者のための教育相談　萌文書林

大竹直子　2020　保育カウンセリングの基本的な考え　諸富祥彦・大竹直子(編)　保育園・幼稚園で使えるカウンセリング・テクニック　誠信書房　pp. 1-24.

﨑濱秀行　2020　2019年度学校心理士の実態に関する調査　日本学校心理士会年報, 12, 144-154.

佐藤　学　1992　反省的実践家としての教師　佐伯　胖・汐見稔幸(編)　学校の再生をめざして　第2巻 教室の改革　東京大学出版会　pp. 125-127.

佐藤　学　1998　教師の実践的思考の中の心理学　佐伯　胖他(編著)　心理学と教育実践の間で　東京大学出版会　pp. 9-55.

佐藤　学　2015　専門家としての教師を育てる―教師教育のグランドデザイン―　岩波書店

佐藤正二(編)　2015　実践！ソーシャルスキル教育　幼稚園・保育園　図書文化

Schön, D.A. 1985 *The Reflective Practitioner: How Professionals Think In Action.* Basic Books ages.（柳沢昌一・三輪建二(監訳)　2007　省察的実践とは何か―プロフェッショナルの行為と思考　鳳書房）

塩見邦雄(編)　2000　社会性の心理学　ナカニシヤ出版

高橋晴恵　2003　心理アセスメントの実践と教育をめぐって　ナカニシヤ出版　pp. 77-91.

滝吉美知香・田中真理　2011　自閉症スペクトラム障害者の自己に関する研究動向と課題　東北大学大学院教育学研究科研究年報, 60, 497-521.

田村節子・石隈利紀　2003　教師・保護者・スクールカウンセラーによるコア援助チームの形成と展開：援助者としての保護者に焦点をあてて　教育心理学研究, 51(3), 328-338.

若本純子・福永真理奈　2017　児童養護施設心理職の職務内容と入職後の専門教育の現状　佐賀大学教育学部紀要, 1(2), 1-12.

渡邊芳之　2016　心理学のデータと再現可能性　心理学評論, 59(1), 98-107.

山本和郎　1986　コミュニティ心理学―地域臨床の理論と実践―　東京大学出版会

参 考 文 献

Corey, G., Corey, M., & Callanan, P. 2003 *Issues & Ethics in the Helping Profession,* 6th Edition. Pacific Grove: Brooks/Cole, a division of Thompson Learning. (村本詔司(監訳) 浦谷計子・殿村直子(訳) 2004 援助専門家のための倫理問題ワークブック 創元社)

学校心理士認定運営機構(編) 2020 学校心理学ガイドブック 第4版 風間書房

原田恵理子・田邊昭雄・吉武幸恵 2019 中学生のキャリア発達を促す職場体験活動 —キャリアプランニング能力に焦点化したプログラム開発— 日本学校心理士会 2019年度大会プログラム・発表論文集 32-34.

Miltenberger, R.G. 2001 *Behavior modification: Principles and procedures,* 2nd ed. Belmont, CA: Wadsworth Publishing. (園山繁樹・野呂文行・渡部匡隆・大石幸二 (訳) 2006 行動変容法入門 二瓶社)

日本学校心理学会(編) 2018 学校心理学ハンドブック 第2—「チーム」学校の充実 をめざして— 教育出版

日本行動分析学会(編) 2019 行動分析学事典 丸善出版

大野精一 1998 学校教育相談の定義について 教育心理学年報, 37, 153-159.

学校心理士認定運営機構　編集

《編集委員会》
岡　直樹　　学校心理士認定委員長
大野精一　　准学校心理士認定委員長
山谷敬三郎　学校心理士SV認定委員長
瀧野揚三　　学校心理士認定副委員長
山口豊一　　学校心理士認定運営機構事務局長
石隈利紀　　学校心理士認定運営機構理事長
橋本創一　　准学校心理士認定副委員長／＊本書編集幹事

《著者》

家近早苗	1章1、1章3、1章4	
石川満佐育	1章2⑶	
氏家靖浩	1章2⑸	
大野精一	3章1、5章2	
岡　直樹	5章1	
小澤郁美	5章1	
柏原志保	5章1	
梶井芳明	2章2	
川島範章	1章2⑴	
久木山健一	4章2	
熊谷　亮	4章8	
小泉令三	1章1、1章3、1章4、4章7	
塩見邦雄	1章2⑴	
霜田浩信	4章8	
杉浦采夏	4章3	
瀧野揚三	5章3	
田邊昭雄	4章4	
橋本創一	4章3、文献	
長谷部比呂美	3章1、5章2	
東原文子	1章2⑵	
松永千景	4章7	
三浦公裕	4章1	
三川俊樹	2章3、4章6	
村中智彦	4章5	
森田愛子	3章2	
山口豊一	3章3	
山谷敬三郎	2章1	
芳川玲子	1章2⑷	

※あいうえお順

大野精一先生は2021年10月、塩見邦雄先生は2023年1月にご逝去されました。
心よりご冥福をお祈りします。

一般社団法人 学校心理士認定運営機構

〒113-0033　東京都文京区本郷2−32−1　BLISS 本郷ビル3F
電話 03(3818)1554　FAX 03(3818)1588

学校心理学ケースレポートハンドブック
　　―子どもの援助に関わる教師・スクールカウンセラーのために―

2021年1月15日　初版第1刷発行
2023年3月31日　初版第2刷発行

編　者　　学 校 心 理 士
　　　　　認 定 運 営 機 構

発行者　　風 　間 　敬 　子

発行所　　株式会社 風 　間 　書 　房
　　　　　〒101-0051　東京都千代田区神田神保町1-34
　　　　　電話 03(3291)5729　FAX 03(3291)5757
　　　　　　　　　振替 00110-5-1853

印刷・製本　藤原印刷

Ⓒ2021　　　　　　　　　　　　　　NDC 分類：140
　　　ISBN978-4-7599-2362-9　　Printed in Japan